地面大气气溶胶散射与吸收仪器

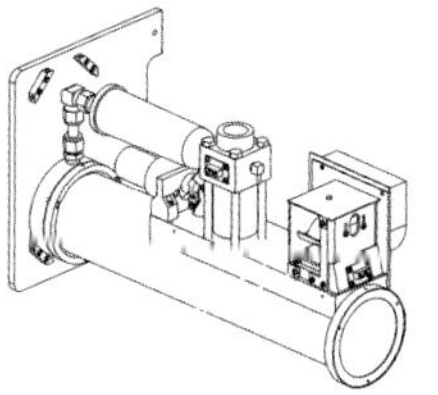

DIMIAN DAQI QIRONGJIAO SANSHE YU XISHOU YIQI

史晋森 / 编著

图书在版编目（CIP）数据

地面大气气溶胶散射与吸收仪器 / 史晋森编著. --
兰州 : 兰州大学出版社, 2015.4
ISBN 978-7-311-04734-4

Ⅰ. ①地… Ⅱ. ①史… Ⅲ. ①气候变化－观测仪器－
研究 Ⅳ. ①P467

中国版本图书馆CIP数据核字(2015)第088385号

策划编辑 张雪宁 谢 芮
责任编辑 张雪宁 谢 芮
封面设计 张馨月

书　　名 地面大气气溶胶散射与吸收仪器
作　　者 史晋森 编著
出版发行 兰州大学出版社 (地址:兰州市天水南路222号 730000)
电　　话 0931-8912613(总编办公室) 0931-8617156(营销中心)
　　　　 0931-8914298(读者服务部)
网　　址 http://www.onbook.com.cn
电子信箱 press@lzu.edu.cn
印　　刷 甘肃兴方正彩色数码快印有限公司
开　　本 710 mm×1020 mm 1/16
印　　张 9.5(插页2)
字　　数 162千
版　　次 2015年5月第1版
印　　次 2015年5月第1次印刷
书　　号 ISBN 978-7-311-04734-4
定　　价 25.00元

前 言

大气气溶胶是指悬浮在大气中的液体或者固体颗粒物，其粒径范围为0.001~100 μm，主要包括矿物沙尘气溶胶、黑碳气溶胶和各种盐类气溶胶，是大气中组成较复杂、危害较大的重要污染物之一。大气气溶胶的来源主要有两种：人为源和自然源。自然源包括火山喷发、生物体燃烧、地面扬尘和海水溅沫等。人为源则是由人类生产、生活所产生的，例如农业生产、化石燃料燃烧、工厂排放、汽车尾气和建筑扬尘等。大气气溶胶虽然是大气中含量很少的组分，但是其可以对气候变化产生很重要的影响：一、直接效应，通过散射和吸收太阳辐射来加热大气层，从而减少到达地表的太阳辐射，进而影响到地气系统的辐射收支平衡；二、间接效应，作为云凝结核，影响云的形成和寿命，改变云的微物理特性；三、半直接效应，直接吸收太阳辐射加热大气层，导致云滴蒸发，改变云辐射特性，影响大气辐射过程。气溶胶进入大气后随大气流动而运动，在大气中存在的寿命与其粒径大小密切相关，颗粒较大的气溶胶由于重力作用在大气中停留时间较短，而颗粒较小的气溶胶在大气中悬浮的时间较长，随着空气运动而飘移，传播的距离也较远。不同区域和地区的气溶胶类型和分布有很大的差异，由于气溶胶在大气中水平和垂直分布不均匀以及其多变的物理特征，使得气溶胶辐射强迫具有很大的不确定性。相对于混合均匀的温室气体，气溶胶受人为和自然因素影响更大，具有很强的时空分布特征，控制气溶胶排放所起到的气候效应比温室气体要迅速。目前，气溶胶的研究中还存在很大的不确定性，这是当前研究的一个热点问题。为了更好地了解气溶胶在气候变化中的作用，对全球不同区域气溶胶特性的研究尤为重要，特别是亚洲、非洲和北美洲地区。

大气气溶胶的研究覆盖了大气科学的各个领域，是气象、物理和化学的综合性研究，主要包括气候效应研究、理化特性研究和光学特性研究。目前对气溶胶的研究主要包括数值模拟、地基观测、卫星遥感等，其中数值模拟使气溶胶气候效应的量化研究成为可能。虽然有关气溶胶辐射强迫及其气候效应的量化研究取得了很大的进展，但不同数值模式的研究结果之间存在很大差异，主要是由于缺乏气溶胶浓度时空分布以及气溶胶物理、化学、光学特性及其尺度分布的准确信息。解决上述问题的一种有效途径是利用卫星遥感结合地基观测的综合研究方法，在不同区域尺度范围内给出气溶胶的基本特性及其时空分布等参数，用这些参数资料去改进气候模式对气溶胶气候效应的定量化研究。卫星遥感可以高空间分辨率地对气溶胶进行观测研究，但卫星遥感在反演气溶胶参数时会受到复杂地表面、云层以及不同类型气溶胶的影响，这些都会对卫星反演结果造成一定的误差。卫星反演的产品也需要地面观测资料来进行对比订正，才能进一步地完善。

大气气溶胶的散射和吸收特性对气候变化有着重要的作用，在很多实验中是基本观测项目。本书针对目前地基观测中测量气溶胶散射和吸收特性仪器的操作不规范、操作维护错误和观测结果错误或无效等问题，在兰州大学半干旱气候与环境观测站长期观测运行的基础上，对目前常用的两种测量吸收特性仪器（黑碳仪和多角度吸收光度计）和两种测量散射特性仪器（三波段积分浊度仪和单波段积分浊度仪）的仪器原理、使用方法、日常维护和基本操作规范等进行详细介绍，以保证仪器正常运行，同时得到高质量的观测数据，为今后的科学实验和研究工作提供基础保障。

目 录

第一章 黑碳仪 ……………………………………001
1.1 仪器工作原理 ………………………………002
1.1.1 比尔-朗伯定律 ……………………………002
1.1.2 光学衰减测量原理 ………………………002
1.1.3 时间差分测量方式 ………………………004
1.2 仪器结构 ……………………………………006
1.2.1 仪器前面板 ………………………………006
1.2.2 仪器后面板 ………………………………007
1.2.3 仪器内部主要部件 ………………………008
1.2.4 光学测量系统 ……………………………009
1.2.5 滤膜驱动机构 ……………………………010
1.2.6 流量控制系统 ……………………………011
1.2.7 滤膜 ………………………………………011
1.2.8 进气管 ……………………………………011
1.3 安装 …………………………………………011
1.3.1 仪器安装 …………………………………011
1.3.2 硬件安装 …………………………………013
1.3.3 软件安装 …………………………………013
1.3.4 快速操作指南 ……………………………014
1.3.5 滤膜的安装 ………………………………015

1.4 自动启动 ……017
1.5 软件部分 ……018
1.5.1 开机操作 ……018
1.5.2 使用键盘 ……019
1.5.3 开机运行主要系统菜单 ……019
1.5.4 黑碳的测量循环 ……025
1.5.5 精确计时 ……025
1.5.6 数据文件格式 ……026
1.5.7 信息文件 ……028
1.5.8 停止观测 ……028
1.5.9 屏幕显示 ……028
1.6 数据的显示 ……029
1.7 常规操作与维护 ……029
1.7.1 观测日志 ……030
1.7.2 常规操作 ……030
1.7.3 常规维护 ……031
1.8 初级故障诊断 ……036

第二章 多角度吸收光度计 ……039
2.1 仪器工作原理 ……040
2.2 仪器安装及结构 ……041
2.3 操作与维护菜单 ……044
2.3.1 显示屏 ……044
2.3.2 键盘 ……044
2.3.3 主菜单 ……044
2.3.4 操作菜单 ……046
2.3.5 串行数据输出 ……046
2.3.6 打印格式 ……047
2.3.7 自动换膜参数设定 ……050
2.3.8 模拟输出配置 ……051
2.3.9 语言 ……053

2.3.10 维护菜单 ……053
2.3.11 机械控制 ……053
2.4 校准 ……056
2.4.1 所需仪器备件 ……056
2.4.2 校准准备 ……056
2.4.3 校准菜单 ……056
2.4.4 传感器校准 ……057
2.4.5 参数设置 ……059
2.5 定期维护 ……060
2.5.1 真空泵维护 ……060
2.5.2 检查流量 ……060
2.5.3 温度传感器 ……061
2.5.4 压力传感器 ……061
2.5.5 光学室 ……061
2.5.6 进样口组件 ……061
2.6 故障排除 ……063
2.7 维修 ……065
2.7.1 安全措施 ……065
2.7.2 更换滤膜 ……065
2.7.3 更换碳刷 ……065

第三章 三波段积分浊度仪 ……067
3.1 测量原理 ……067
3.2 硬件安装 ……068
3.2.1 连接电源 ……068
3.2.2 连接电脑 ……069
3.2.3 安装仪器 ……069
3.2.4 连接外置泵 ……071
3.3 操作综述 ……071
3.3.1 通信连接 ……071
3.3.2 仪器硬件 ……071

3.3.3 设置参数 ······072
3.4 数据下载软件 ······074
3.4.1 安装软件 ······075
3.4.2 设置说明 ······075
3.5 仪器软件 ······078
3.5.1 安装软件 ······078
3.5.2 快速启动 ······079
3.5.3 零气测量 ······084
3.5.4 菜单和命令 ······085
3.6 仪器维护 ······098
3.6.1 仪器检测和校准 ······098
3.6.2 拆除仪器外壳 ······105
3.6.3 清理风扇滤膜 ······106
3.6.4 更换光源 ······107
3.6.5 清洁光管透镜 ······108
3.6.6 更换气溶胶过滤器 ······108
3.6.7 流量和漏气检测 ······109
3.6.8 清洁黑色毛面纸 ······112

第四章 单波段积分式浊度仪 ······114
4.1 仪器工作原理 ······115
4.1.1 测量物理量 ······115
4.1.2 基本概念 ······115
4.1.3 仪器的工作原理 ······116
4.1.4 仪器描述 ······120
4.1.5 仪器外部连接 ······122
4.2 安装 ······123
4.2.1 安装要求 ······123
4.2.2 仪器的安装 ······124
4.2.3 采样管的安装 ······124
4.2.4 校准气体的连接 ······125

4.3 操作 ……………………………………………………126
4.3.1 启动 ……………………………………………126
4.3.2 一般操作 ………………………………………126
4.3.3 菜单系统 ………………………………………127
4.3.4 M9003菜单系统 ………………………………128
4.4 校准 ……………………………………………………131
4.4.1 初始校准 ………………………………………132
4.4.2 校准周期 ………………………………………135
4.5 数据下载 ………………………………………………135
4.5.1 内部下载数据 …………………………………135
4.5.2 串口下载数据 …………………………………137
4.5.3 模拟端口下载数据 ……………………………137
4.6 仪器维护 ………………………………………………137
4.6.1 维护周期 ………………………………………137
4.6.2 更换过滤器 ……………………………………138
4.6.3 漏气检查 ………………………………………138
4.6.4 故障维修 ………………………………………138

参考文献 ……………………………………………………141

第一章 黑碳仪

黑碳仪(Aethalometer)由美国Magee科技公司研制和生产,可用来实时监测大气中的黑碳气溶胶,型号主要有AE16、AE21、AE31、AE42以及最新的AE33等。

AE16是单波段黑碳仪,用880 nm波段光源对黑碳气溶胶进行连续在线测量。

AE21是双波段黑碳仪,用880 nm波段光源对黑碳气溶胶进行在线测量,同时用370 nm波段光源对"紫外吸收"碳进行连续在线测量,适用于监测内燃机排放物、烟灰和颗粒物中的多环芳烃(PAH)。

AE31是七波段黑碳仪 ,用370 nm、470 nm、520 nm、590 nm、660 nm、880 nm和950 nm波段的光源测量黑碳气溶胶的光吸收性,可以提供比较全面的黑碳气溶胶的光学吸收信息,有利于排除干扰物的影响,特别适用于科学研究。

AE42是便携式黑碳仪(有单波段、双波段和七波段),电源可选(外接电源、外置12 V电池和内置电池),仪器的通信端口可接GPS接收器,仪器功耗更低,适用于野外和移动监测。

AE33为最新型号的的黑碳仪,用黑碳气溶胶在370 nm、470 nm、520 nm、590 nm、660 nm、880 nm和950 nm波段对光的吸收特性和透射光的衰减程度而得到黑碳气溶胶的浓度。

本书对目前使用较为普遍的AE31黑碳仪(以下简称“黑碳仪”,图1.1)进行详细介绍,主要包括仪器原理、构造、安装、日常操作、维护以及耗材更换和故障诊断等。

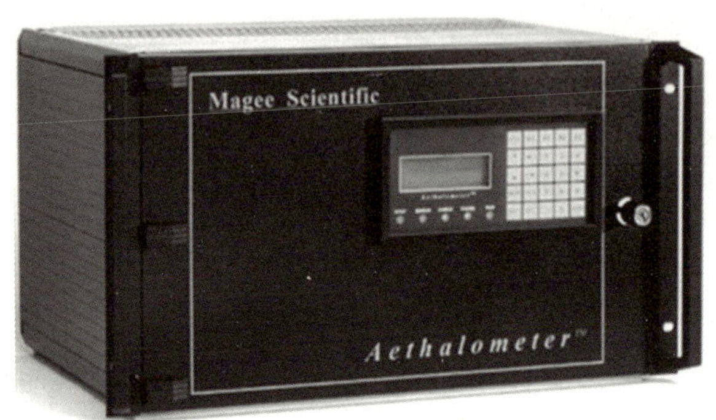

图1.1 AE31黑碳仪

1.1 仪器工作原理

1.1.1 比尔-朗伯定律

光在介质中传播,其强度会随之衰减,这种衰减遵循比尔-朗伯定律:

$$\frac{I_\lambda}{I_{\lambda 0}} = e^{-A_\lambda} \tag{1.1}$$

式中:

$I_{\lambda 0}$——光源的入射光强,波长为 λ;

I_λ——经过介质后的光强,波长为 λ;

A_λ——介质的光学厚度。

对于黑碳气溶胶构成的介质而言,光学厚度 A_λ 与黑碳气溶胶的量以及入射波长有关:

$$A_\lambda = k_\lambda \times M_{BC} \tag{1.2}$$

式中:

k_λ——黑碳气溶胶的质量吸收系数,单位为 cm^2/g;

M_{BC}——介质中的黑碳气溶胶的密度,单位为 g/cm^2。

1.1.2 光学衰减测量原理

尽管黑碳气溶胶的物理和化学状态复杂,但仍可以通过一定的物理或化学方法测量其在大气中的含量。黑碳气溶胶中大多数碳原子的化学键状态是石墨六元环或近似石墨六元环，形成大量存在的π键电子，因此在特定情况下，黑碳气溶胶表现出游离碳的特征，能在很宽的波长范围内有效地吸收入射电磁波（光子）。游离碳是已知的具有最宽泛连续吸收光谱的物质之一，在波长550 nm处的质量吸收系数 k_λ 约为10 m^2/g，这种吸收的强度与入射电磁波的波长成反比，在短波段吸收增强，在长波段吸收减弱。相对于黑碳气溶胶而言，沙尘气溶胶对可见光的吸收系数要小2~3个数量级，因此在一般情况下对可见光的吸收消光作用贡献很小。黑碳仪利用黑碳气溶胶的这一特性，通过测量气溶胶样本的光学衰减量，确定大气中黑碳气溶胶的含量，即光学衰减测量方法。

当一束光透过一个过滤收集了空气样品中颗粒物的光学纤维滤膜时的光学衰减 ATN 为：

$$\mathrm{ATN} = 100 \times \ln\left(\frac{I_0}{I}\right) \tag{1.3}$$

式中：

I_0——透过原来滤膜或者是透过滤膜空白部分的光强；

I——透过收集有气溶胶样品的那部分滤膜的光强。

式(1.3)中的因子100是为了方便表示光学衰减的量值而引入的，如果没有这个因子，定义的光学衰减的量值就是（透射）光学厚度（公式1.1中的 A_λ 项）。根据定义，光学衰减 ATN 为正的无量纲数值。当光学衰减值为1的时候，如果观察采样膜，几乎感觉不到采样区和空白区的差别；当光学衰减值为100时，会观察到采样膜上的气溶胶采样区域非常黑。

利用一种透光均匀的光学纤维滤膜采集大气气溶胶的样品，并用固定波长的单色光（波长为 λ ）测定光学衰减 ATN_λ 。当采样膜上黑碳气溶胶颗粒的尺度小于波长尺度参数 $2\pi\lambda$ 时，黑碳气溶胶的沉积量 M_{BC} 与光学衰减 ATN_λ 存在线性关系：

$$\mathrm{ATN}_\lambda = \sigma_\lambda \times M_{\mathrm{BC}} \tag{1.4}$$

式中：

σ_λ——黑碳气溶胶样品对波长 λ 入射光的当量衰减系数，与黑碳气溶胶在波长 λ 的质量吸收系数 k_λ 有关，但它不是一个“物理常数”，需要通过光热解析-氧化的方法或其他方法测定。

由于大气中的黑碳气溶胶多为亚微米颗粒，在可见光的测量波长范围内，其粒径尺度可小于波长尺度参数 $2\pi\lambda$ 。但是，当光学衰减 ATN_λ 达到一定量值时，即较多的气溶胶颗粒在滤膜上相互堆积形成大颗粒，其粒径尺度可能超出 $2\pi\lambda$ ，此时

ATN_λ 和 M_{BC} 的关系会偏离线性，这种情形称为遮蔽效应，在测量中要避免出现这种情形。

式(1.4)成立的另外一个前提是：气溶胶微粒均匀地嵌入光学纤维滤膜中，利用光学纤维的多次散射作用消除由于微粒散射造成的透射衰减，使得测量只对气溶胶颗粒的吸收敏感。因此，黑碳仪采用散射作用较强的带状石英纤维滤膜作为采样膜。

1.1.3 时间差分测量方式

黑碳仪的原理结构如图1.2所示。黑碳仪工作时，在抽气泵的驱动下，环境空气连续地通过滤膜的采样区(其形状为圆或椭圆，也称为采样点)，气溶胶样品被收集在该部分滤膜上。每隔一个时间周期，仪器开/关测量光源一次，并测量有光源照射和无光源照射两种条件下透过石英滤膜的气溶胶采样区和参照区的光强。根据光强信号，计算每个测量周期的采样区的光学衰减增量，得到该测量周期内收集的黑碳质量，再除以这段时间的采样空气体积，即可以计算出采样空气流中的平均黑碳浓度，这就是所谓的"时间差分测量"的工作方式。如果测量周期与所关注的空气质量变化时间尺度相比较短时，可以认为观测是连续的。如果平均浓度从一个观测周期到下一个周期的变化不大，就认为该平均值合理反映了该测量周期内环境空气的实际黑碳浓度。

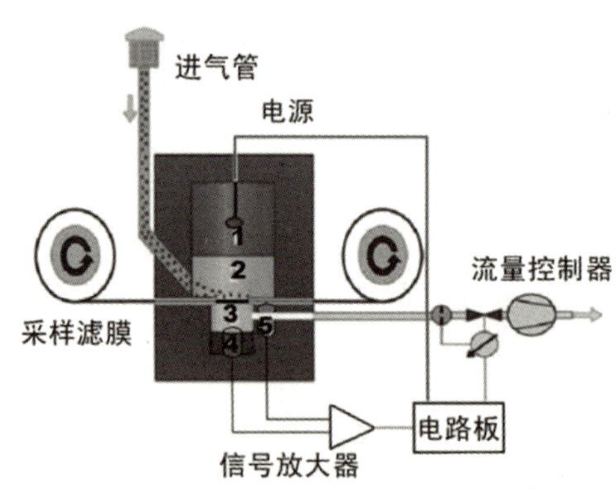

图1.2 黑碳仪的原理结构示意图

1—光源；2—采样室；3—真空室；4—采样区检测器；5—参照区检测器

黑碳仪的测量循环周期如下：

(1)光源关闭；

(2)测量无光源照射条件下采样区和参照区的光强信号("暗"信号，SZ和RZ)；

(3)打开光源,让系统稳定;

(4)测量光源照射时采样区和参照区的光强信号("亮"信号,SB和RB);

(5)测量仪器的空气流量;

(6)关闭光源,再让系统稳定;

(7)再次测量"暗"信号;

(8)进行计算,显示数据,并写入磁盘,进行内部检查;

(9)等待下一个测量周期(回到步骤(3))的开始。

测量周期的长短由用户设定,测量周期越长,仪器可以分配更长的时间来稳定仪器和进行每个变量的测量。

由于参照区的滤膜和其他光学器件的透过率在整个测量过程中不会发生变化,所以参照区的测量信号可以用来修正光源光强的微小变化,以提高仪器的准确性。此外,为了更加精确,仪器还需要测量光源关闭时的采样区和参照区检测器的"暗"信号。"暗"信号是没有光源照射时的检测器电子线路的输出,一般是"亮"信号的百分之一。为了减少"暗"信号的影响,在计算光学衰减时要用"亮"信号减去对应的"暗"信号,即按照下式计算该测量周期结束时采样区气溶胶样品的光学衰减ATN:

$$\mathrm{ATN}=100\times\ln\left[\frac{(\mathrm{SB}-\mathrm{SZ})}{(\mathrm{RB}-\mathrm{RZ})}\right] \tag{1.5}$$

式中:

SB——采样区"亮"信号;

SZ——采样区"暗"信号;

RB——参照区"亮"信号;

RZ——参照区"暗"信号。

某一个测量周期与上一个测量周期间的采样区光学衰减ATN的增量与采样区的黑碳质量M_{BC}的增加成正比,即

$$\Delta(\mathrm{ATN})=\mathrm{ATN}-\mathrm{ATN}_0=\sigma\times\Delta(M_{\mathrm{BC}}) \tag{1.6}$$

式中:

σ——黑碳气溶胶的当量衰减系数,单位为cm^2/g;

ATN——测量周期的光学衰减;

ATN_0——上一个测量周期的光学衰减;

$\Delta(M_{\mathrm{BC}})$——采样区的黑碳沉积量增量,单位为g/cm^2。

设采样区的面积为A,采样的体积流速为F,相邻两个采样周期(经过时间为T)内环境大气中的平均黑碳浓度(BC)可由下式计算:

$$[\mathrm{BC}]=\frac{\Delta(M_{\mathrm{BC}})\times A}{F\times T}\times 10^{9}=\frac{(\mathrm{ATN}-\mathrm{ATN}_0)\times A}{\sigma\times F\times T}\times 10^{9} \tag{1.7}$$

式中:

[BC]——平均黑碳浓度,单位为ng/m^3;

σ——黑碳气溶胶的当量衰减系数,单位为cm^2/g;

ATN——测量周期的光学衰减;

ATN_0——上一个测量周期的光学衰减;

$\Delta(M_{\mathrm{BC}})$——采样区的黑碳气溶胶沉积量增量,单位为g/cm^3;

A——采样区的面积,单位为cm^2;

F——采样的体积流速,单位为m^3/min;

T——采样周期的时间,单位为min。

1.2 仪器结构

1.2.1 仪器前面板

图1.3是仪器主机的前面板。在前面板上有一个液晶显示屏,用以显示测量结果和各种操作信息;屏幕下方有5个指示灯,用不同的颜色快捷、定性地显示仪器的运行状况;屏幕右边有一个用来与仪器内部计算机交互对话的键盘。

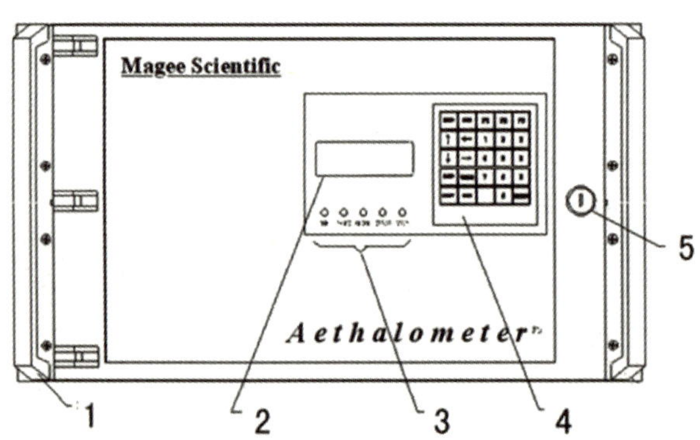

图1.3 黑碳仪主机的前面板

1—把手;2—显示屏幕;3—状态指示灯;4—操作键盘;5—门锁

仪器主机的前面板可以打开,打开后可以看见位于中央的光学测量腔室(位于保护罩内)、由一个进膜驱动器和两个滤膜卷轴组成的滤膜驱动机构,以及位于基板下部的软盘驱动器(或闪存接口)、流量调节螺丝、手动进膜按键、电源开关等(见图1.4)。

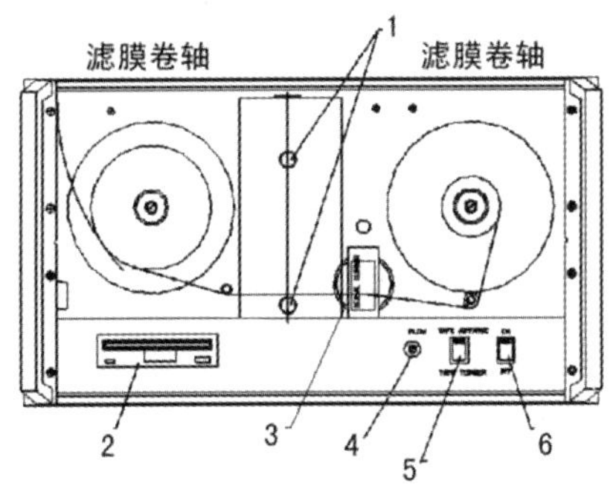

图1.4 黑碳仪前面板内侧的部件

1—光学测量腔室;2—软盘驱动器;3—滤膜驱动轮;
4—流量调节螺丝(仅在标定时使用);5—手动进膜按键;6—电源开关

1.2.2 仪器后面板

图1.5是仪器的后面板示意图。后面板的下部是总电源开关、流量调节阀和各种连接口,依次是电源线连接口、外置泵连接口、进气管连接口、打印机连接口、模拟输出电压(-5~5 V)信号连接口和RS232数据通信连接口等。仪器前面板内侧和后面板各有一个电源开关,只有当两个开关都打开时,仪器才被加电,这主要是为了防止安装过程中的误操作。一般情况下,可保持后面板的开关常开,只开/关前面板内侧的电源开关即可。

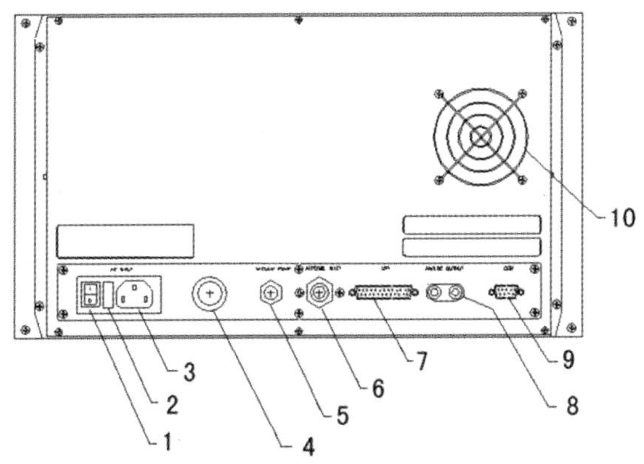

图1.5 黑碳仪后面板示意图

1—电源开关;2—保险丝;3—电源;4—流量调节阀;5—外置泵接口;
6—进气管接口;7—打印机接口;8—模拟输出接口;9—RS232接口;10—冷却风扇

1.2.3 仪器内部主要部件

黑碳仪的内部以一个安装基板为分界，分为上、下两部分。图1.6为基板以上部分的俯视图，该部分主要安装了光学测量腔室、滤膜驱动机构，以及流量测量和控制系统的各主要部件。

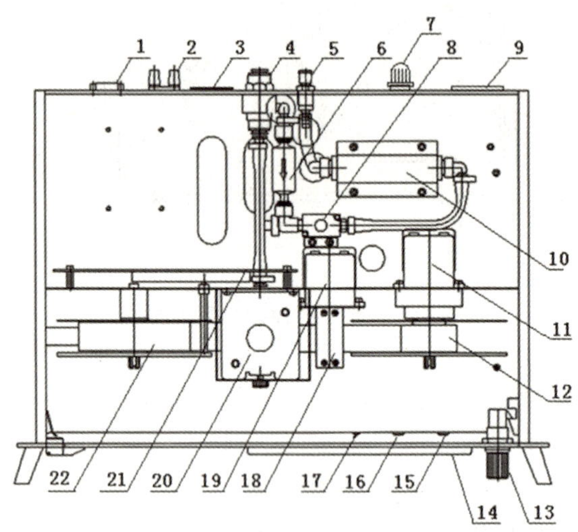

图1.6 黑碳仪的内部基板以上部分的俯视图

1—RS232接口；2—模拟输出接口；3—打印机接口；4—进气管接口；5—外置泵接口；6—旁路过滤器；7—流量调节阀；8—旁路三通阀；9—电源和电源开关；10—质量流量计；11—卷轴驱动步进电机；12—滤膜卷轴；13—门锁；14—前面板；15—前面板电源开关；16—手动进膜按键；17—流量调节螺丝；18—进膜驱动器；19—进膜驱动器步进电机；20—光学测量腔室；21—电路板；22—滤膜卷轴

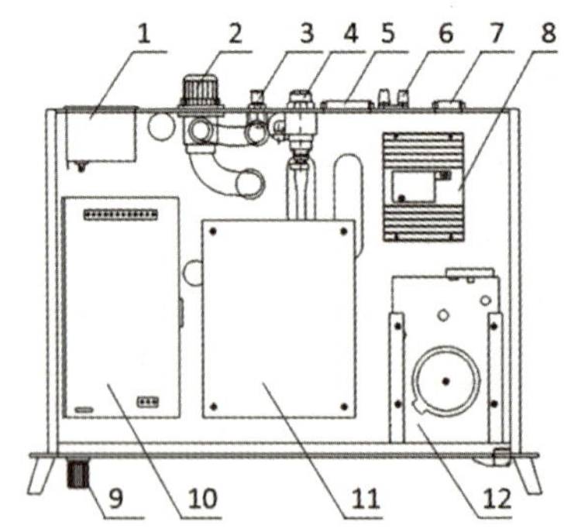

图1.7 黑碳仪的内部基板以下部分的仰视图

1—电源接口模块；2—流量调节阀；3—外置泵接口；4—进气管接口；5—打印机接口；6—模拟电压输出接口；7—RS232接口；8—散热模块；9—门锁；10—电源模块；11—电路板；12—软盘驱动器

图1.7为基板以下部分的仰视图。该部分安装了仪器的电源模块、光学检测器的前置电路板、数据记录的软盘驱动器，在基板以下的后侧安装有电源接口模块、流量调节针阀、各种管路、模拟/数字通信接口等。

1.2.4　光学测量系统

打开前面板后，取下保护罩，即可看见光学测量腔室。光学测量腔室和其上部的光源、下部的光学检测器构成了仪器的光学测量系统。图1.8和图1.9分别显示了光学测量腔室（移去了保护罩）的正面和侧向剖面。

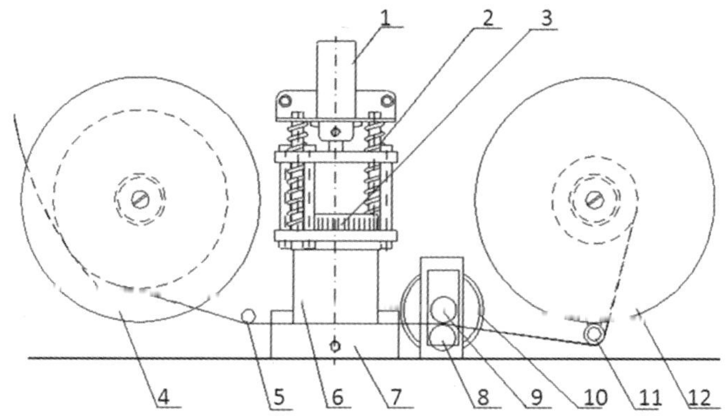

图1.8　光学测量腔室和滤膜驱动机构局部示意图

1—电磁线圈；2—弹簧；3—光源（盖）；4—滤膜卷轴；5—滤膜引导杆；6—光筒；7—基座；
8—压紧轮；9—驱动轮；10—步进电机；11—滤膜引导杆；12—滤膜卷轴

光学测量腔室位于机箱前部的中央，由光源、光筒和基座构成。光筒后侧连接有进气管；基座正对着光筒中央的部位安装有不锈钢丝网，其下部连接抽气管路；滤膜在光筒和基座之间穿过，在不锈钢丝网上面的滤膜部分就是滤膜的采样区。

光源位于光筒的上部，透过石英玻璃窗口自上而下照射滤膜。光筒内的气体管路全部采用透明塑料，光筒筒体采用金属制作，内外表面涂黑，光筒外还有保护罩，以防止外部光线干扰。

基座内还有两个LED光学检测器，一个位于滤膜的采样区下方，一个位于非采样区（即参照区，采样区的左侧）的下方，用来测定采样区和参照区的透射光强。

正常情况下，光筒被其上部的两根弹簧压紧在基座上，以保持采样区四周的气密性。更换滤膜或滤膜进位时光筒上面的电磁线圈吸合，通过连杆将光筒拉起，以便让滤膜通过。光学测量腔室的剖视结构可参见图1.9。

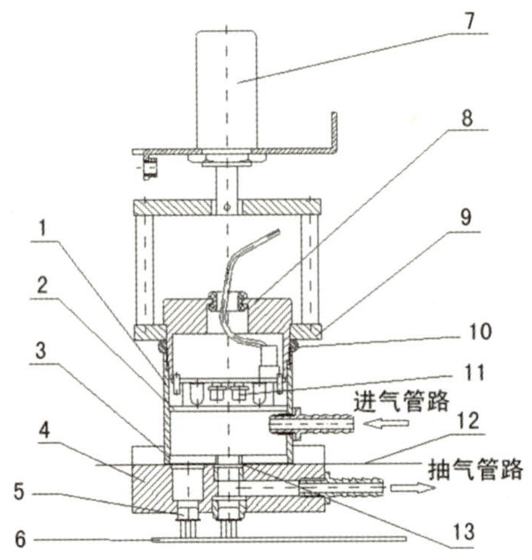

图 1.9 光学测量腔室局部示意图

1—光筒；2—石英玻璃窗；3—石英玻璃窗；4—基座；5—光检测器；6—光检测器电路；7—电磁线圈；8—光筒顶盖；9—压紧弹簧顶板；10—密封圈；11—光源；12—滤膜；13—密封圈

两个光学检测器直接固定在基座下方的电路板上，其供电、控制以及A/D信号转换器等电子器件都安装在该线路板上（图1.7中的部件11及其内侧）。电路板的工作电压为5 V和12 V。为防止环境温度变化对光学检测器工作稳定性的可能影响，电路板部分用泡沫橡胶绝热，并由电热调节器电路来稳定工作温度。

1.2.5 滤膜驱动机构

滤膜驱动机构由两个滤膜卷轴和进膜驱动器构成（参见图1.4和图1.8）。左面的滤膜卷轴为新滤膜的供应卷轴，是一个被动卷轴；右面的为收纳（使用过的）滤膜的卷轴，卷轴后面装有步进电机。在光学测量腔室与右侧的滤膜卷轴之间是进膜驱动器，由一个步进电机带动的驱动滚轮和一个压紧滚轮构成。

滤膜进位时，光学测量腔室的光筒抬起，驱动滚轮带动滤膜进位0.7 cm（或者为1.5 cm），右侧的滤膜收纳卷轴也同时转动，拉紧滤膜（可打滑，以防止拉断滤膜）。在正常测量状态下，仪器根据滤膜的黑度等设定的参数自动控制滤膜的进位，但是也可由操作员按动仪器前面板内的滤膜进位按键（参见图1.4），人工控制滤膜的进位。

更换滤膜时，在操作指令下，仪器同时抬起光学测量腔室的光筒并松开进膜驱动器的压紧滚轮，以便让滤膜通过（更换滤膜见1.3.5）。

1.2.6 流量控制系统

流量控制系统主要包括质量流量计、旁路过滤器、旁路三通阀、流量调节阀，该系统的工作原理如图1.10所示。旁路过滤器和旁路三通阀有两种作用：一是在滤膜进位时开启旁路，这样就可以不必频繁关闭外置泵的电源；二是当启用滤膜节省功能时，如果环境样品中黑碳浓度过高，仪器则按照一定的时间比例开启旁路，以达到节省滤膜，并提高仪器测量稳定性的目的。质量流量计的流量测量结果通常是以“标准升/分钟”(SLPM)来表示的，但是也可以订正为以当地的环境大气压和温度状况来表示。

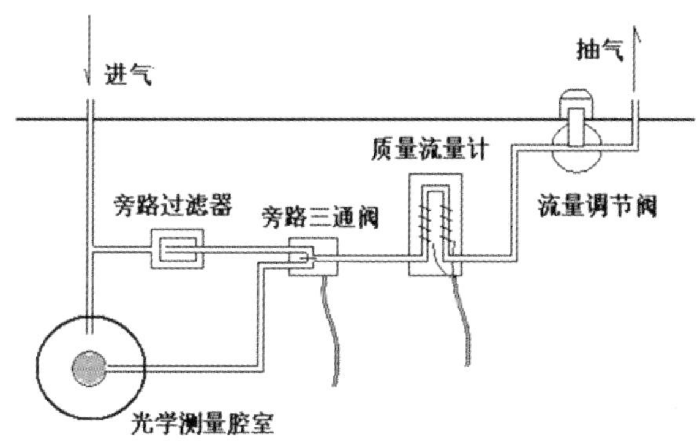

图1.10 黑碳仪的流量控制系统工作原理示意图

1.2.7 滤膜

滤膜在黑碳仪测量过程中是不可替代的消耗性材料。滤膜是一种厚质地的网状石英纤维滤膜，在底层粘合一层很薄的纤维膜，以增加石英膜的强度。这种专门设计的石英滤膜厚度较大，有利于气溶胶颗粒分散到纤维中间，从而尽可能地消除散射对透射光的影响。滤膜宽25 mm，每卷长约15 m，大概提供1500个气溶胶采样区。在清洁地区，一卷滤膜可使用半年以上，在城市地区使用时间会缩短。

1.2.8 进气管

黑碳仪的进气管接口为3/8英寸的管路快速接头，为防止静电导致气溶胶颗粒的管壁损失，采用3/8英寸金属管材作为进气管。

1.3 安装

1.3.1 仪器安装

仪器的安装参见图1.11，仪器安装前需检查仪器外观是否有由于运输造成的松动和损坏，特别需要注意的是要检查仪器的电源电压设置是否与当地的电源电压一致。电源电压的设置开关(115 V/230 V选择开关)有两处,一处在主机后面板的电源插座(图1.6中的部件9)旁,另一处在仪器内部的电源模块的侧面(图1.7中的部件10)。

黑碳仪包含了灵敏的电子元器件和光学检测器件,一般不宜安放在温度高于40 ℃或温度波动剧烈的环境中,也不要放在高湿度可能产生水汽凝结的环境中。环境温度剧烈变化将导致光学检测器件工作不稳定,使得仪器测量结果产生大幅波动(噪音),因此不要将仪器放在频繁开关的加热器或空调的风口方向。

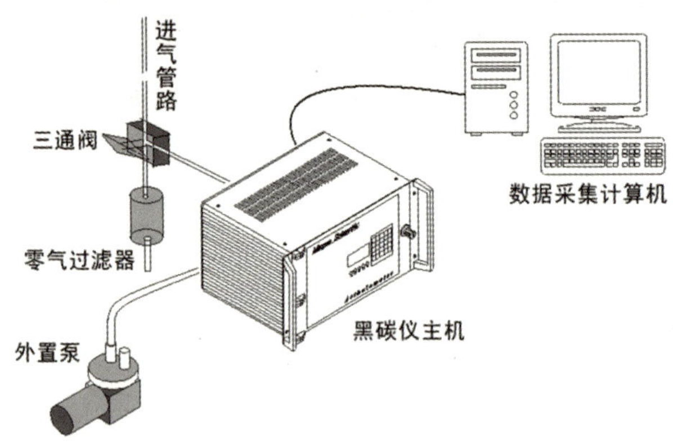

图1.11 黑碳仪安装示意图

其他安装要求简要叙述如下:

* 仪器主机水平置于工作台上或仪器机架上,避免震动和强电磁环境。

* 采样进气管采用3/8英寸金属管,以最短的距离和尽量平滑的弯折,连接到气溶胶采样总管或通向室外;如果直接通向室外,进气口端的高度应超出屋顶2 m,超出地面5 m;在进气口应安装对颗粒物阻挡作用较小的防雨帽和防虫网,或者根据观测要求安装切割头。

* 在户外适当的位置把旋风式粒径切割头安装在支架上,旋风式粒径切割头应该具有防雨功能;把进气管牢固地按入O形环中,确保牢固后将进气管穿过墙壁连接到仪器室。

* 采样进气管中串联一个三通阀,可将黑碳仪的进气切换到零气过滤器上,过滤器采用高性能一次性颗粒物过滤器。

* 用标准的RS232连接线连接数据接口和采集计算机,使用专用软件定时下载数据,连接电缆最好小于10 m。

* 仪器主机连接到UPS供电线路,外置气泵连接到稳压的供电线路上。

1.3.2 硬件安装

具体安装步骤如下：

(1)将黑碳仪与交流电源相连接，打开开关，保证仪器通电，如果仪器带有内置泵，检查泵的马达是否运转(注意在后面板电源插口有开关，这个开关通常不用)；

(2)除去工厂为运输安全安装的滤膜保护条，将仪器开关打开，向前按下滤膜进位开关，向右方向撕掉滤膜保护条，关闭仪器；

(3)取下采样进口的红色柱状塞子，安装随仪器提供的3/8英寸快插接头，如果仪器为外置泵型号，先插上泵的电源，检查它是否正常工作，然后将其连接到后面板上的抽气泵连接口；

(4)将采样管插入后面板上的3/8英寸快插接头，另一端连接到采样总管或者采样进气口；

(5)将空白的3.5英寸的软盘插入到前面板左侧的软驱中；

(6)打开电源开关，显示屏幕亮了起来，在最初的半分钟计算机载入程序并初始化，屏幕只是显示一个闪烁的光标，半分钟后，屏幕显示对话界面；

(7)检查采样泵在正常工作状态，采样管末端能感觉到吸力。

仪器在这时开始自动运行，前提是没有按任何键。

1.3.3 软件安装

黑碳仪的软件安装需要遵循一系列的操作步骤，以保证正确地配置软件。每台仪器的附带文件中已包含详细的出厂设置，建议在运行黑碳仪之前运行以下程序。

(1)设置计算机日期和时间：确保以后采集的所有数据和信息是可以正确识别的。

(2)从磁盘安装永久的标题：使用文本编辑器，写两行无格式文本并保存在软盘中的“Titles.txt”文件中，其内容在观测中保持不变，并自动载入黑碳仪生成信息文件和各种输出文件，这两行一般说明单位和项目的名称。

(3)检查参数的设置，包括：

* 时间周期，选择范围为1 h到2 min；

* 样气的流速；

* 模拟电压输出范围，设置计算的黑碳浓度与后面板模拟电压输出的对应关系；

* COM端口数据传输的参数设置。

1.3.4 快速操作指南

● 启动

插上电源插头打开开关，如果需要，则连接外置抽气泵，仪器不需要任何操作，可以自动开始运行，5 min后就开始产生有效数据(注意:仪器需要30 min预热和稳定)。

● 快速停止

关上开关，磁盘中数据文件的记录将停止在这个时间。

● 正常停止

按下“Stop”，遵循屏幕显示，再次按下“Stop”，并输入安全密码(厂家默认“111”)。

● 数据磁盘

可以在任何时间更换新盘，不会中断数据采集。

● 流量由软件设定

流量读数有标准状况(海平面)或者环境状况(当地海拔高度和温度)两种表示。

● 改变设置

* 打开开关，可以看到屏幕上开始的倒计数显示，按下任意键，进入菜单，第一行是“Operate”，按向下箭头进入下一个菜单项“Change Setting”，按下“Enter”；

* 用向下箭头键滚动设置列表，在需要设置的项目上，按下“Enter”；

* 第一项是“日期和时间”；

* 下一项是“时间周期”，通常根据实际情况设置为1~5 min；

* 再下一项是“流速”，通常为2~4 LPM；

* 要更改某一项目，使用箭头键选择，按下“Enter”确认，按下“Esc”为从系统设置菜单中退出，退出时需要确认更改。

● 数据的权衡

* 时间周期短，对浓度变化的响应更快，但是更多噪声，可以在数据后期处理中采用平滑的方法降低噪声。

* 建议用5 min的时间周期，电子数字噪声在时间周期大于等于5 min时会降低。

* 流速高，噪声减少，但是滤膜采样区的寿命缩短，采样区很快饱和，滤膜自动前进，数据会中断几分钟。如果能够接受数据中断，可以通过增大流速来降低

噪声。

1.3.5　滤膜的安装

黑碳仪基于收集在滤膜上颗粒物的增加而导致光学衰减率增加的原理来测定采样空气中的黑碳浓度。采样区本身没有自己的特性，滤膜上的采样区仅仅是实现观测的一种手段。当光学厚度达到预设的值时，仪器让滤膜进位以提供新的采样区。滤膜只是气溶胶收集的媒介，用过之后常常被扔掉。

仪器在运输前，左边的供应卷轴就安装了新的石英滤膜。每个采样区在城市可以用几个小时，但是在偏远的地区可以用几个月。屏幕显示滤膜剩余的百分比：当它低于10%时，检查灯会闪烁。滤膜剩余量(Tape Remaining)的百分比是软件程序的预估，而不是实际卷轴上的剩余量。在有些情况下，预估的量会不准确，甚至预估量到零时，实际卷轴上还有滤膜。即使检查灯已亮，屏幕显示警告信息，仪器仍然在继续运行并提供有效数据，直到滤膜全部用完为止。

菜单选项安装滤膜(Install New Tape)提供操作步骤说明并提示用户进行必要的操作，软件也会重新设置滤膜供应为100%。由于这个原因，安装新的滤膜时必须使用软件中的安装新滤膜选项。如果对这个程序很熟悉，可忽略屏幕说明，但是必须使用软件来重新设置计数器。安装新滤膜的程序是被保护的，需要安全密码(厂家默认“111”)。

安装新滤膜的操作程序：

(1)停止观测，关掉抽气泵(如果是外置的)，不要关掉仪器电源。

(2)在主菜单选择安装新滤膜。

(3)旋下中心测量光室遮光罩的两个螺丝(图1.12)。

图1.12　拆除光室遮光罩

(4)旋下卷轴前面塑料挡板的两个螺丝(图1.13)。

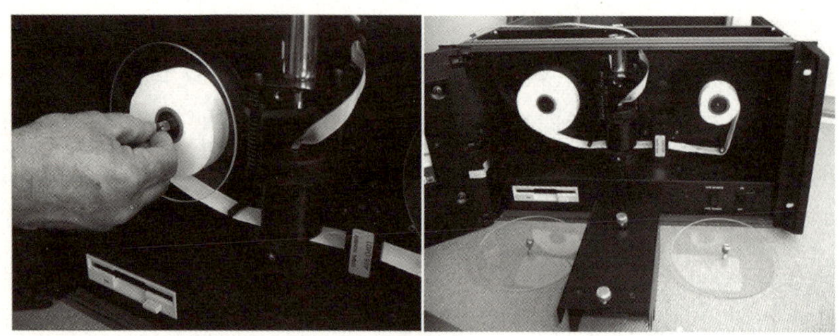

图1.13 拆除卷轴的塑料挡板

(5)取下测量光室左边的灰色塑料引导杆。

(6)用剪刀剪断左边的滤膜,留几厘米。

(7)取下旧的滤膜卷,打开新卷的盒子,取出新卷、新的硬纸板以及新的弹簧夹子。

(8)把新的滤膜卷安装在供应卷轴上。

(9)在测量光室的左边把新的滤膜的头粘在旧的滤膜末尾。

(10)按住“Tape Advance”按钮,测量光室会抬起2 mm,解除对滤膜的压力。

(11)把粘住新滤膜的旧滤膜拉到右边,拉出新滤膜20 cm,剪断旧的滤膜。

(12)从右边取下卷满旧滤膜的卷轴,并放在一边。

(13)注意不要丢了纸板轴芯和后面的O形环。

(14)把空的纸板轴芯(来自新的滤膜盒中)安装在右边卷轴下方的导引杆上。

(15)将10 cm的滤膜缠绕在纸板轴芯上,并用弹簧夹夹住。再把纸板轴芯安在右边的卷轴上,逆时针转动轴心,让滤膜拉紧。

(16)重新在供应卷轴前安上塑料挡板,旋上螺丝,但不要太紧。拉一拉左边没有卷起来的滤膜,检查一下拉动的阻力是否很小。把引导杆插回它的插座。

(17)重新在右侧卷轴前安上塑料挡板,旋紧螺丝。

(18)按下“Tape Tension”按钮,卷起右边的松散滤膜。

(19)重新安上测量光室的保护盖和螺丝。

安装新滤膜的软件程序提示:屏幕第一次问“List Instructions?”(使用向导?)。如果选择了“No”,仪器认为操作者很熟悉滤膜安装步骤,不需要指导,软件跳过细节的指导,重新将滤膜计时器设为100%,回到主菜单。如果选择了“Yes”,屏幕会指导用户所有的操作,在每一步做完之后,都要按下任意键进行到下一步:

(1)取下卷轴挡板螺丝；

(2)取下保护盖的螺丝；

(3)拉出引导杆；

(4)剪断旧的滤膜；

(5)取下供应滤膜卷；

(6)取下回收滤膜卷；

(7)安装新的滤膜卷；

(8)将测量光室抬起2 mm；

(9)拉出旧的滤膜；

(10)将测量光室抬起2 mm；

(11)将新的滤膜向右拉出10 cm；

(12)安装回收卷轴的纸质轴芯；

(13)将新滤膜的头端夹在纸质轴芯上；

(14)插回引导杆；

(15)重新安上保护盖；

(16)重新安上卷轴挡板；

(17)旋紧卷轴螺丝。

屏幕会问到“Is the tape properly replaced?”(滤膜安装好了吗?),选择“Yes”,重新设置滤膜计时器为100%,结束该进程。

1.4 自动启动

黑碳仪可以直接自动启动进入运行状态,得到原始数据,并把它处理为黑碳浓度的结果。仪器通过光学测量系统、数字转化接口、内置计算机以及软件的协调工作来实现这些功能。程序存储在固态存储器里,黑碳仪的运行不需要高速的计算能力,内置微处理器可以实现所有必需的功能。

黑碳仪安装了大量预测错误的软件,用来识别和恢复可能在实际操作中出现的硬件和软件问题,以下是详细的描述:

* 当打开仪器开关时,程序自动运行。断电后重启,程序同样会自动运行。在启动时间段,可以对仪器进行操作,如果不进行干预操作,仪器会按照原有的参数进入自动观测。

* 如果泵有问题或者气溶胶进气口泄漏,程序会中止观测,直到对仪器的检

查维修完成。

* 如果光源损坏,或者光学探测器有问题,仪器会终止启动。

* 如果发生内部程序错误,仪器会自动重启。

* 如果计算机死机,仪器停止执行代码,在2 s后自动重启。

仪器本身还有许多其他细致的自我检查,根据出现故障和问题的严重程度,程序将停止或者显示适当的警告信息。

软件系统生成写入磁盘的两个数据文件。一个是黑碳数据文件,包括日期、时间、信号、空气流量和计算的黑碳浓度,用逗号分隔各参数,可以直接导入电子表格。数据文件名是由字母“BC”或者“EC”、六位代表日期的数字以及扩展名“.csv”构成的。

另一个文件是信息文件,它提供一些信息,适合保留为永久性的实验记录。文件名与前面的黑碳数据文件相似,前两个字符是字母“MF”,后边是六位代表日期的数字以及扩展名“.txt”。文件包含可读的ASCII码文本,信息包括:实验或观测的名称、采样区开始和结束的时间、开始和结束时的信号电压、采样区的总运行时间、总的采样空气体积、收集在滤膜上总的黑碳质量以及对应采样时间内的平均浓度、仪器在该段观测期间的稳定性,以及估算的磁盘剩余可用时间。

1.5 软件部分

1.5.1 开机操作

黑碳仪安装了内部泵,当插上合适的电源并打开开关,仪器便自动运行。对于改用外置泵的黑碳仪要首先连接抽气泵的管路,插上电源并打开开关,仪器载入操作程序并自动运行。

如果在“设置”菜单中选择了“预热等待”,仪器不会立刻开始采集数据,会在进行自动观测之前显示电压信号稳定30 min。用户可以在开机后按下“Esc”键进入手动模式操作。如果没有设置“预热等待”,开机后屏幕即出现倒计时信息,有60 s时间让用户按下任意键进入屏幕操作来设置参数,或进行例行测试等。如果用户没有进入屏幕操作,仪器自动运行并开始采集数据。

在仪器进入自动运行状态后,不需要任何键盘输入,也不需要手动操作。在观测的过程中按下“Stop”键,可以停止观测,访问手动模式功能。手动操作菜单提供了许多更改设置和检测校准硬件功能。

1.5.2 使用键盘

* 使用向上、向下箭头滚动菜单;

* 进入选择的菜单或者确定一个选项,按下“Enter”键;

* 退出选择菜单,按“Esc”键;

* 进入设置参数值时,用向上、向下箭头显示允许的选项,或者按“Esc”取消;

* 当仪器运行时,按下“Stop”回到主菜单。

响应超时,仪器超时功能会让仪器重新运行。30 s后,仪器会响起“嘟嘟”声,如果10 min内不进行操作,仪器会重新启动,按自动运行模式运行。

1.5.3 开机运行主要系统菜单

1.5.3.1 主菜单概述

开机后,屏幕上显示标示语“Aethalometer”、软件的版本号,倒数60 s至自动启动,并且提示“Press Any key for Main Menu”(按任意键进入主菜单)。如果在倒数60 s内按下任意键,进入主系统菜单,主菜单有以下目录:

* Operate(运行)

* Change Setting(更改设置)

* Signal+Flow(信号+流量)

* Self Test(自检测)

* Calibrate Flowmeter(校准流量计)

* Software Upgrade(软件升级)

* Optical Test(光学测试)

* Install New Tape(安装新滤膜)

除了安装新滤膜的子菜单外,下面对其他子菜单进行逐一介绍。

1.5.3.2 运行

主菜单选项可以在运行仪器前,选择自动模式或手动操作,让使用者可在仪器运行前检查仪器一些参数。第一次屏幕显示“Go To Auto Mode?”(进入自动模式?),默认的状态是“Y”,如果按下“Enter”,仪器会立即自动运行;如果用向下箭头选择了“N”,并按下“Enter”,则程序提供以下互动:

* 程序会提示用户是否从软盘中读取新的标题(例如新的实验名称),这些标题将出现在“MF”信息文件中。如果要输入新的标题,可用任意ASCII文件编辑器在“Titles.txt”文件中写两行Title1和Title2,并在提示下插入软驱。

* 程序会提示用户是否覆盖数据磁盘,即使磁盘没有写满。注意选项“Over-

write Old Data”,如果选择了“Yes”,当数据写满时,就会覆盖原来的数据。

* 屏幕会显示流量,允许用户调节需要的空气流量。

除了上述这些用户输入项目以外,仪器还是按照自动模式进入自动运行状态,手动输入模式主要是让使用者在仪器进入自动运行前检查参数。

1.5.3.3 更改设置

更改设置菜单用来根据用户需要更改设置,以下这些参数可以被修改:

● Time &Date(时间和日期)

这一项用来更改时间和日期。如果日期改变,时间也必须重置。使用向左、向右箭头给指针定位,使用向上、向下箭头改变值。退出更改设置菜单才能保存新的时间,由于这个原因,建议设置时间到下一分钟零秒,退出这个菜单。系统提示“Write System Settings?”(写入系统设置?),当到准确的分钟时按下“Enter”。

● Flow Rate(流速)

用户可以以LPM(升/分钟)来更改采样的流速(适用范围1~6 LPM),微处理器和电路部分会按照气体质量流量计的信号自动控制内置采样泵来保持设定的流量。

● Timebase(时间周期)

有效值从1 s到60 min(AE2型:1~60 min;AE3型:2~60 min;AE4型:根据波段可选)。时间周期的定义是气溶胶采集和分析的周期,在每个时间周期的结尾,数据写入磁盘并更新显示值。建议城市地区的观测时间周期不要超过5 min,偏远地区使用15 min。

● Tape Saver(滤膜节省)

可以选择“OFF”“X3”“X10”。这个参数控制旁路阀门以延长滤膜每个采样区的使用时间,在高黑碳浓度地区节省滤膜的使用。如果参数设为“OFF”,旁路关闭;如果参数设为“X3”或者“X10”,仪器就会定时地在一部分时间内开关阀门控制流过滤膜的空气流量,有效时间自动根据黑碳浓度来确定。设置“X3”的有效时间从低浓度时的50%(滤膜节省因子为2),到高浓度时的30%(滤膜节省因子为3)。设置“X10”的有效时间从低浓度时的50%(滤膜节省因子为2),到高浓度时的10%(滤膜节省因子为10)。当“Tape Saver”被使用时,所有其他的功能都保持不变。

● Analog Output Port(模拟输出端口)

选择“Signal Output/Alarm”(信号输出和报警),允许模拟电压信号输出或数据输出,为的是可连接模拟数据记录仪、图形记录器,或者作为报警开关来进行一些操作。

* 如果选择“Signal Output”:

有效的数值:1~100000(ng/m^3)/mV,黑碳浓度显示单位为ng/m^3。

1~1000(μg/m^3)/mV,黑碳浓度显示单位为μg/m^3。

* 如果选择“Alarm”:

“Alarm ON/OFF”表示警告功能开或关。

● Analog out Channel(模拟输出通道)

这只用于多波长的型号(AE2、AE3),用来选择输出哪个波段的数据。

● Warm up Wait(预热等待)

选择“Yes”或“No”。选择“Yes”,仪器在程序开始或者重启30 min显示光学信号和流量电压,然后才开始自动运行,可以通过按向上、向下箭头开关灯,或按向左、向右箭头开关气流旁路阀门,按“Esc”键进入手动操作。使用这个选项让仪器在采集数据之前完全预热,每次开机或重启30 min的数据会丢失。

● Communication Parameters(通信参数)

该菜单控制仪器后面板的RS-232端口,设置传输参数:

Baud(波特率):9600 bps、4800 bps、2400 bps或1200 bps;

Data Bits(数据位):8或7;

Parity(奇偶性):None(无)、Even(偶)或Odd(奇);

仪器通信默认设置是“9600,8,1,None”,如果数据位为“8”,奇偶性必须是“None”。

● Overwrite Old Data(覆盖原数据)

选择“Yes”或“No”。选择“Yes”,当磁盘写满了的时候,仪器自动覆盖原来的数据,删除“BC”和“MF”文件。删除文件与它们的大小有关,程序会删除旧的文件直到有足够的空间写下接下来24 h的“BC”和“MF”文件。

● Filter Change at(滤膜更换)

有效值为0~30 h(0表示功能停止):只要“Filter Change at”值大于0,仪器就会在固定时间让滤膜进位更新采样区;如果“Filter Change at”值等于0,仪器按照黑碳浓度饱和的指标,让滤膜进位更新采样区。该功能是用来强迫滤膜更换,以便和其他分析方法中4 h、6 h、8 h、12 h的采样时间做同步对比的。

● Security Code(安全码)

它是以下功能的密码:按下“Stop”从运行状态退出到菜单、软件升级和改变某些被保护的设置参数。这些情况下用户必须在10 s以内输入正确的密码(安全密码)。如果时间超过了,程序将回到原来的菜单。当更改密码时,用户需要首先输入旧的密码,然后输入两遍新的密码(仪器默认安全密码为“111”)。

● Date Format:U.S./Euro(日期格式:美式/欧式)

该参数控制创建“BC”和“MF”文件名时日期转换为的六位数字。在数据文件中日期总是表示为“Microsoft”格式,如“12-Jan-97”。美式下,文件名日期为“MMDDYY”;欧式下,文件名日期为“DDMMYY”。

● BC Display Unit(黑碳显示单位)

选择屏幕显示的浓度单位。纳克显示无小数的部分(×××× ng/m^3),建议用于边远地区或者无污染的地区;微克显示两位小数(×××× μg/m^3),建议用于城市或者污染的地区。

● Data Format:Expanded/Compressed(数据格式:扩展/压缩)

该参数控制写入磁盘和输出到COM端口的数据格式。在扩展格式下,数据包括数字,每个都由逗号隔开。文件“Datacols.csv”写入软盘以供识别不同仪器选项的数据列。压缩格式下,日期、时间和浓度,接下来的就是希腊字母串,代表内部信号。对于平常的操作,这个编码是不要的;如果数据导入“.csv”格式的电子数据表中,则在最后一列显示这个编码。

● UV Channel:ON/OFF(紫外通道:开/关)

选择“ON”或“OFF”。

1.5.3.4 信号和流量显示

该选项提供一种检查光源信号以及流量计读数响应的方式,可以通过后面板的流量控制阀门、外置泵的阀门或者内部电子质量流控制器(如果安装的话)设置流量。灯将由向上、向下箭头触发开关。灯的状态如下,显示在屏幕右上角:

Lamp=0:灯灭;

Lamp=1:800 nm灯亮;

Lamp=2:350 nm紫外灯亮;

Lamp=3,…,Lamp=7:其他灯亮。

按向左/向右箭头键开/关旁路三通阀。屏幕右上角第二行显示三通阀接通的流路,即滤膜采样“Filter”,或者旁路“Bypass”。按“Esc”退出这个菜单回到主菜单。

1.5.3.5 自检测

这个选项启动仪器硬件检测,这一系列的检测都是自动的,任何错误信息都会显示在屏幕上。

● Lamp Test(灯自检)

灯一亮一灭,测量采样区和参照区的光强信号,对比分析它们之间的比例关系,判断是否出现故障或错误,给出以下检测结果:

灯坏了(灯一直灭着);

电路板故障或错误(灯一直亮着);

滤膜断了或者没有了(信号太强);

通过灯检测。

● Pump & Bypass Test(泵&旁路自检)

该选项提示用户接上泵(如果使用外置泵),然后根据质量流量计的零点校准值和斜率计算流量。如果流量小于1 LPM,显示错误信息,切换旁路三通阀,对比测量主流路和旁路的流量,以确定两个流路都没有被堵住。

● Analog Output Test(模拟输出自检)

该检测会从模拟输出端口顺序输出一系列的电压:-5 V DC、0 V DC、1 V DC、2 V DC和5 V DC,由连接到后面板的模拟输出端口的数据采集器或者一个报警继电开关检测其输出电压可知是否正确。

● COM Port Test(COM端口检测)

在该选项下,用户可以测试与数据采集器或其他数据接收设备的通信连接是否畅通。该选项执行之初,屏幕提示操作者可以改变通信速率(如降低速率),然后屏幕提示操作者发送数据,操作者每按一次“Enter”键,仪器便发送一次数据,直到操作者按下“Esc”键,退出该检测选项。

● Screen Test(屏幕自检)

屏幕显示如下:

点亮屏幕上所有的发光二极管;

闪亮屏幕上所有的发光二极管;

满屏显示符号;

关闭背景光;

点亮背景光。

● Tape Advance Test(滤膜驱动自检)

滤膜驱动器启动,通过屏幕提示用户观察该装置动作是否正确。倒数计数器显示检测所需要的时间。

1.5.3.6 校准流量计

这个程序首先要求用户选择流量单位的参照状态,有“标准”和“环境”两个选项(如果选择“环境”流量单位参照状态,需要输入新的环境温度和气压值)。这项功能不需要安全密码,但这个程序的下一选项,即用户要求重新校准流量计时,需要安全密码。

● Flow Volume Units(流量单位)

程序允许将流量单位表示为标准单位或体积单位。标准单位显示空气流量为SLPM,也就是一定质量的空气在20 ℃、1013 hPa下的体积。质量流量由仪器的质量流量计提供。体积单位将空气质量转换为给定环境温度和大气压下的体积,这些条件由用户输入,仪器本身没有测量功能。质量流量计的信号按温度和大气压的比例来定。当选择了环境状态单位,屏幕显示的就是vLPM,黑碳浓度表示为ng/m^{3}或者μg/m^3。

体积计算需要输入环境的温度和大气压,这些因子不用通过流量计重新校准程序输入。这里允许当仪器搬到另一高度的地点时,输入不同的平均环境温度和大气压,不用改变基本的流量计校准。程序通过测流量计零点和确定流量刻度因子校准流量计,这两个因子用来计算实际空气流量。

● Flowmeter Re-Calibration(流量表的重新校准)

这项功能是保护功能,需要安全密码。校准程序用于测试流量表的零点压力和检查它的流量刻度系数,这两项检测要求计算实际经过流量表的空气流量。校准需要有一个标准的外置流量计或校准器,读数在2~10 SLPM之间,有较小的气流阻力,将校准流量计牢固地连接在样气采样口上,确保没有泄漏。只有在确认流量表有问题时,才需要做流量表的重新校准,在做重新校准之前需要让仪器预热至少30 min。

内置的采样泵是由微处理器和电路控制的,流量的“零”和“标”都是程序化的,需要做的只是连接一个标准的外置流量校准计,然后观察它的读数。

通常情况下,仪器会自动将泵的速度降低到零,同时检测内置流量计的信号,当达到一个较稳定的低值时,电压输出不再有变化,这个值的读数就被用作“流量计的零电压”,泵会重启并回到原来的速度;当流量计的信号稳定后,屏幕会以“升/

分钟”单位显示新的“零”流速和原来的斜率系数。用户必须比较外部的标准流量计的测量值和仪器显示的流量值，按向上、向下箭头来改变斜率系数、调整流量显示值，使其与外部的标准流量计相一致，再按“Enter”键确认。回到主菜单，确定新的斜率系数文件，原来的流量校准值会被重新确定的值覆盖。

1.5.4 黑碳的测量循环

在滤膜上连续地收集气溶胶，测量程序根据时间周期分为内部和外部循环。对于$T\leqslant 5$ min的时间周期，仪器只用执行光学信号测量的内部循环，每一次循环只用到一次时间间隔内收集的黑碳质量。

对于$T>5$ min的时间周期，数值必须是5的倍数。内部光学测量循环时间固定为5 min，即仪器每5 min做一次内部光学测量循环，再做5 min的外部平均。这种平均减少了噪音也消除了当选择较短的时间周期时滤膜进位更新占用时间所导致的数据丢失。内部的光学测量循环分为三部分：

首先，灯灭不做任何观测。空气流通过滤膜的采样区，或者从旁路流走，这依赖于“Tape Saver”选项。如果功能开启了，程序会调节旁路时间以延长滤膜上采样区的寿命。随着灯开关打开进行光学观测，在采样区和参照区测得光学检测器的零点以及光学透射信号。这个过程中空气一直流过滤膜。

然后，计算黑碳浓度。对于短的时间周期，这个结果就是输出的测量值；对于长的时间周期，结果用来做外部平均。当时间到了一个时间周期结束时，程序会更新数模转换电压信号输出至模拟端口，传输数据流到COM端口，更新屏幕显示的黑碳浓度以及其他参数，往磁盘中写数据。

最后，程序检查衰减有没有达到饱和度。如果达到，自动启动滤膜更新，如果“Filter Change At”参数不为零，时间到了的话滤膜更新与气溶胶的采样区光学密度无关。滤膜更新过后，程序又回到初始点重新开始。

1.5.5 精确计时

仪器微处理器对光学检测信号的计算，每一个设定时间周期进行一次，或至少每5 min进行一次，显示和记录下来的黑碳浓度值是相邻两个测量时刻间的平均值，这个值是在时间周期的“零秒”前产生的，但实际的光学测量是早于显示值几秒的，留给仪器计算的时间、记录磁盘的时间、屏幕显示更新的时间等。除非要求快速的浓度波动，或与其他仪器时间精确同步，才会考虑这时间补偿值的问题。

时间补偿值取决于光学通道的数量和时间周期的设定。在更长的时间周期下，数模转换和数据采集的重复，能提高精确度，并降低电子噪声。一般情况下，单波段仪器的时间补偿是5 min或更长，时间周期为20 s；双波段仪器的补偿时间是5 min，UV通道大约为90 s，BC通道为60 s。7波段仪器的补偿范围从最短波长的大约120 s到最长波长的60 s。

虽然时间补偿值会由于波长通道的不同而不一样，但在连续测量间隔总能精确地等于时间周期，这个值乘以测量流速来计算采集粒子的样气总量，所有通道都是相同的。

1.5.6 数据文件格式

全部的数据写入磁盘文件“BCxxxxxx.csv”，系统提供了两种格式。它们都是每行由逗号隔开的数据，可以直接导入电子表格。

1.5.6.1 格式类型

● Expanded Data Format（扩展数据格式）

“日期”，“时间”，黑碳浓度，采样区零（暗）信号，采样区亮信号，参照区零（暗）信号，参照区亮信号，空气流量，旁路分流比，光学衰减值。注意记录的时间是每个时间周期的开始时间。文件如下：

“01-May-99”，“09:40”，866，.0213，2.1956，.241，3.1455，4.2，1.00，1.974

在一般情况下只有日期、时间和黑碳浓度要用到，也就是文件的前三列，其他列只是证明仪器的正确观测。由于这个原因，数据也可以写成压缩格式，这种形式更加紧凑，同时保留可用于诊断的数据。

● Compressed Data Format（压缩数据格式）

“日期”，“时间”，黑碳浓度，“代码”。在压缩格式下，文件如下：

“01-May-99”，“09:40”，866，“fpXeoenmRBqlaYdh”

代码是16个字母的字符串，它的ASCII代码表示准确的数值。在压缩过程中没有诊断数据的丢失，它只是简单压缩成了代码形式。数据行可以用Magee Scientific网站上提供的“AE-DECOD.exe”或者“AE_DECOD.bas”解开，这个解代码程序产生一个新的扩展形式文件。多数情况下内部代码表示的诊断数据是没有必要的，所需要的只是日期、时间和黑碳浓度，在这种情况下为了数据分析和显示方便，“.csv”数据第四列可以不要。压缩的格式每行的字符更少了，软盘就可以存储更多的数据，尤其对于多波段的仪器。

● 数据连续性

滤膜进位更新在仪器重新初始化以前要花几分钟，才能产生有效的数据。如果时间周期是10 min或者更长，在这段时间内会完成一次有效初始化，这样数据文件就会是连续的。如果时间周期小于10 min,仪器初始化所对应的时间周期会没有数据。如果忽略这些没有数据的时间周期,连续的数据记录中将包括缺失的数据,要与其他观测比较时就需要手动编辑。

为了避免丢失数据,软件自动在初始化的对应时间里往磁盘填写空白行。空白行包括日期和时间,剩下的由逗号隔开的双引号包围的ASCII空位,可以让数据导入“.csv”格式,产生空白的条目(不是数值零)。

1.5.6.2 数据文件格式

黑碳仪观测从350 nm到950 nm的七个波段的光学吸收,数据行像下面这样写入磁盘。

● Expanded Data Format

“日期”,“时间”,紫外通道(350 nm)浓度,蓝色通道(470 nm)浓度,绿色通道(521 nm)浓度,黄色通道(590 nm)浓度,红色通道(660 nm)浓度,红外1通道(880 nm,标准黑碳)浓度,红外2通道(950 nm)浓度,空气流量,旁路分流比。后面重复跟着七个通道的诊断数据:采样区零(暗)信号,采样区亮信号,参照区零(暗)信号,参照区亮信号,光学衰减,空气流量,旁路分流比。重复空气流量和旁路分流比列是为了能够区分七个通道的数据。文件如下:

“24-Jul-00”,“16:40”,610,604,605,612,617,611,641,3.131,-.9812,-.9814,1.1881,1.8384,1,6.4,2.704,-.9812,-.9814,4.2483,2.7373,1,6.4,2.45,-.9812,-.9814,2.1716,1.9438,1,6.4,2.232,-.9812,-.9814,2.854,3.5259,1,6.4,1.957,-.9812,-.9814,3.3428,2.596,1,6.4,1.452,-.9812,-.9814,4.6719,3.3935,1,6.4,1.396,-.9812,-.9814,2.705,2.438,1,6.4

记录的时间还是每个时间周期的开始时间,实际上只有日期、时间和七个通道的浓度很重要,也就是文件的前九列。其他代表内部诊断的数据列在压缩格式下就可写成代码了。

● Compressed Data Format

“日期”,“时间”,紫外通道(350 nm)浓度,蓝色通道(470 nm)浓度,绿色通道(521 nm)浓度,黄色通道(590 nm)浓度,红色通道(660 nm)浓度,红外1通道(880 nm,标准黑碳)浓度,红外2通道(950 nm)浓度,紫外通道(350 nm)代码,蓝色通道(470 nm)代码,绿色通道(521 nm)代码,黄色通道(590 nm)代码,红色通道(660 nm)代码,红外1通道(880 nm,标准黑碳)代码,红外2通道(950 nm)代码。一般用途下,代码根据以上讨论可以不管。文件如下:

"24-Jul-00","16:40",610,604,605,612,617,611,641,fmGdNdLiMGlrJYbo,feedNdluYIoWxYbo,eYadNdLmJqlNNYbo,eTHdNdLpuPsfjUbo,eOhdNdLrsDotkYbo,eEcdNdLwJtrDKYbo,eCVdNdLoQanMFYbo

1.5.7 信息文件

信息文件名由字符"MF"以及六位表示文件日期的数字组成,扩展名为".txt"。文件全是ASCII字符,可以直接由任意文字处理器看到,或者由DOS命令打印出来。不同时间的记录文件在第一行包括日期和时间。这些记录一般提供以下信息:

* 采样区开始的日期和时间;

* 采样区开始的光学信号;

* 采样区结束的日期和时间;

* 采样区结束的光学信号;

* 滤膜上采样区的信息,包括:滤膜上总的黑碳气溶胶、滤膜区的观测时间、总的采样空气体积、这段时间内平均黑碳浓度、观测值的标准差;

* 评价仪器的性能以及灯的稳定性;

* 估计磁盘剩余空间。

如果仪器发生问题,给出额外的信息,严重的问题导致观测停止,屏幕上显示警告信息。这些情况也会写入信息文件,即使系统崩溃也可以提供记录。仪器严重的问题包括:由于泵的问题或者管道堵塞导致无空气流量、灯坏了,或其他控制灯的问题等等。另外,每次滤膜更新的信息也会记录下来。其他说明信息也会偶尔在特殊情况下写下来。建议将信息打印出来并复制到实验室笔记本中或者站点的记录本中,作为当数据磁盘丢失时保留的观测信息记录。

1.5.8 停止观测

这是受保护的功能,需要输入安全密码。按下"Stop"键可以打断运行程序,屏幕出现"STOP key PRESSED","STOP again to exit"。用户必须再次按下"Stop"键。如果用户在10 s以内输入正确的安全密码,观测将停止,程序进入主菜单;如果密码不正确,就继续观测。这些提醒是为了防止意外停止或者非授权的停止观测。

1.5.9 屏幕显示

1.5.9.1 屏幕显示

第一行:左边——系统时间;右边——系统日期。

第二行:左边——(滤膜)估计剩余百分比;右边——(节省)滤膜节省功能。

第三行：左边——(磁盘)剩余空间，表达为小时、天数或者星期；右边——(流量)单位LPM："vLPM"表示体积单位。

第四行：上一次的黑碳浓度，单位ng/m³或μg/m³。

1.5.9.2 状态显示灯

显示面板上五个灯代表仪器的状态：

Stop(红)：稳定——仪器没有运行，严重出错或者用户在菜单状态。

Error(红)：闪烁——严重出错，仪器停止。

Check(黄)：闪烁——检查磁盘是否满了，流量变化大于10%，滤膜快用完。

Pause(黄)：稳定——表示仪器已经准备要观测了，但是由于用户按了"Stop"键而停下来。也会在手动模式下的运行程序中闪烁，直到手动操作完成。

Run(绿)：稳定——正常的运行，一切都好，观测数据正确；闪烁——正常，只是由于滤膜更新或者初始化没有有效的数据。

1.6 数据的显示

用户可以通过四种途径得到观测数据：

● 屏幕显示

最近的黑碳浓度显示在屏幕上，单位ng/m³，或者μg/m³。

● "BC"文件和"MF"文件

观测数据写在"BC"文件中，仪器运行信息写在"MF"文件中。如果覆盖旧数据参数选择了"Yes"，磁盘快要写满时旧的数据会被新的数据覆盖。

● 后面板的模拟输出电压端口

连接后面板端口的数模转换器提供表示黑碳浓度的电压值。输出电压(0~5 V)与黑碳浓度的比例由输出比例因子控制，默认的值为1 mV=10 ng/m³，但是可以在更改设置菜单中更改。输出电压-5 V表示滤膜更新、仪器初始化等情况，此时数据无效。这个接口的电压值可以作为黑碳浓度高低阈值的报警开关。

● COM端口的数字数据

COM模式参数为"Dataline"(在线)的话，串行端口会在每一个时间间隔产生一个与写入磁盘数据一样的数据行。传输参数都在COM端口设置菜单中设置。

1.7 常规操作与维护

黑碳仪不需要人为的经常性操作，所以键盘操作都保持最小化，同以下描述的一样，建议常规观测步骤的总工作量不超过几分钟。在正常操作中，黑碳仪也不需要太多的保养和维护,它的设计是开机后自动运行,断电后也不需要用户专门访问,自动恢复采集数据。即使是样气流量有时发生变化,数据仍然有效(前提是进气口没有使用切割头,否则流量发生变化会影响切割头的切割效率),但显示屏会出现警示"样气流量变低"。黑碳仪像其他科研仪器一样,有一定维护和保养的常规要求,从而使仪器处于良好的状况下,确保观测的数据质量。

1.7.1 观测日志

观测日志包括日期、软盘剩余空间、仪器参数设置、仪器异常情况、外部环境变化、天气和人为活动等相关观测信息,这些信息可用于今后分析数据时的参考使用。

1.7.2 常规操作

1.7.2.1 每日操作

* 黑碳仪绿灯指示的是仪器正确运行,绿灯亮表示仪器正在采集数据,绿灯闪烁表示滤膜进位并且重新初始化新的光学测量。根据仪器的设置,初始化可能需要15 min,并且每几个小时滤膜就会发生一次进位,所以绿灯闪烁是正常现象。

* 检查显示屏,如果仪器正在采集数据(绿灯亮),请着重关注数字是否正常:

Tape:后面的数字大于5%都是正常的,小于5%时要察看滤膜是否需要更换;

Disk:后面的数字大于1都是正常的,小于1时就应该及时更换磁盘;

LPM:前面的数字与设置的数值应该一致,与设置数值的误差不超过±0.2时为正常;

BC:后面的数字在几百至30000之间为正常。

注意仪器滤膜每隔一段时间会自动走纸,屏幕可能显示为空白,大约10~20 min之后就能够继续正常观测。

* 打开仪器前门,检查两个滤膜卷轴。左边的卷轴是新滤膜供应轴,如果滤膜的厚度小于1 cm,做个记录。右边使用过的滤膜上的灰色采样区应该具有明显的边缘,如果不明显,则说明光学测量室需要清洗。

* 如果仪器有软驱,检查屏幕上显示的"Disk"项,它指示的是磁盘剩余空间的存储能力,用周、天或小时来表示,如果剩余时间少于1天,要插入新磁盘。如果仪器使用的是存储卡,更换存储卡之前要先关掉仪器电源,在拔出或者插入存储卡时要确保仪器处于关闭的状态。

1.7.2.2 每周操作

* 检查黑碳仪显示以及外部数据记录器的系统时间和日期,时间都应该与准

确时间相差5 min以内。如果重置时间，记录修改内容和时间误差。如果存在明显的系统时间误差（例如每星期2 min），重置时间时，应适当增加修正的幅度（提前量）以减少重置时间的次数。

* 检查采样流量并记录下来，正确的进气应该是4.0±0.3 LPM，有必要的话调节泵的阀门，记录下调节后的值。

* 检查黑碳仪的正常操作显示（合理的读数，没有错误信息等等）。

* 检查滤膜供应，有必要的话拉紧滤膜，检查使用过的滤膜上的点，察看采样区边缘是否清晰。

1.7.2.3 每月操作

* 当仪器在正常运行时进行外部流量检查，不停止数据采集，但滤膜节省功能必须要关闭。

* 断开仪器后面的进气口管，堵住进气口，检查黑碳仪是否漏气，30 s后记录流量计显示的流量，应该低于1.5 LPM。正常后重新连上采样管。

1.7.3 常规维护

1.7.3.1 流量检查

流量计的重新校准只有在确认流量表的精确度不够时才进行，但样气的流量错误报告有可能因为漏气或堵塞造成，流量表的指示是正确的，而经仪器的后面板的气溶胶采样口实际进入仪器的样气的真正流量是不同的。如果连接进气口和分析腔的软管破裂或没有接好，样气就会从仪器内部的滤膜采样区流过，再经过流量计。流量计会正确指示流量，但实际上并未有样气经过仪器后面板的连接口，因此较好的办法是在一定的周期内预先通过一项流量检查来确认样气的流量。

流量检查可以简单地用一个标准流量计接到采样口，比较这个流量计显示的进口的样气读数和菜单模式“Signals + Flow”中的内置流量计的信号读数。在正常运行状况下，内置流量计的读数可能有几个百分比的不同（如达到0.5 LPM），原因可能是仪器内部有很小的泄漏，尤其是样气流过滤膜的边缘时容易发生。例如内置流速报告是4.0 LPM，而实际却只有3.8 LPM的样气从后面板的采样口进入，0.2 LPM的样气泄漏在仪器里，却没有被外部的样气测定显示出来，在这种情况下，计算要用4.0而不是3.8来区分已确定数量的纳克级的黑碳浓度值，用一个简单的比例因素（3.8 / 4.0）5%修正。

建议一年至少做一次外部流量检查，也可以在实验前后各检查一次。

1.7.3.2 纯净空气的动态检测

仪器与一根充满无尘空气的管路相连接，从室外采集的大气空气，以 20 SLPM 的流量经过石英过滤膜，在进气管路上连接颗粒物过滤器（>0.1 μm 的颗粒物过滤效率>99.9%），用无黑碳气溶胶颗粒物的样气运行 24 h，记录下来仪器反应，并计算出“零气平均值”和“零气标准偏差”。在理想条件下，上述值应该是 0.0 ng/m^3、±0.0 ng/m^3，但在实际操作中，会出现极少的旁路或少量颗粒物没有被除样，“零气平均值”会稍高于零点，可以接受 20 ng/m^3 的偏差，但是“零气平均值”偏高，表明颗粒物过滤装置有泄漏，大气空气已进入内部采样系统。因此，也可用此方法来检测仪器的内部漏气情况。

而且仪器的电子噪音可导致每个读数的不稳定，“零气标准偏差”表明仪器在某状态和空气质量流速时的噪音水平。在流量 5 LPM 时，5 min 可接受±30 ng/m^3 的偏差。

1.7.3.3 空气检测及校准

黑碳仪采集室外典型的大气空气，黑碳气溶胶的浓度在不同季节、不同气候，会有很大的差异，通常在 1000~2000 ng/m^3 之间。被检测仪器连接的采样口与一台标准参比黑碳仪的采样口相邻，两台仪器同时运行 24 h。在此期间，大气中黑碳气溶胶的浓度通常有所不同，至少相差 1 个量级。用被检测仪器的显示数据与标准仪器的数据比对，两组数据的衰减值通过计算给出被检测仪器的响应值，结果作为黑碳浓度量程的响应比和标准偏差。

1.7.3.4 更换滤膜

黑碳仪是通过分析采集到滤膜上的颗粒物进行测量的，当采样区上的颗粒物达到仪器设定的最大密度时，滤膜会自动进位到一个新的采样区。这个过程会每几个小时发生一次，或每天一次，这取决于采样地点空气被污染的程度。当仪器运行几个月后，如果滤膜用完，则必须更换新的滤膜。

1.7.3.5 更换过滤器

仪器后面的腔室里有一个旁路过滤器，通过设定仪器参数，将有部分样气流经旁路过滤器，使之逐渐变黑。过滤器的使用不会影响数据的质量，但是，如果它变得非常黑的话，就必须更换。通常每更换两次滤膜，更换一次过滤器。更换步骤如下：

（1）按“Stop”键并输入密码，停止测量，打开仪器前门，关掉电源；

（2）从仪器后面板上拔掉电源电缆；

(3)拔掉连接到仪器后面进气口上的采样进气管,注意接头内部的O形环环绕在采样管入口处,把O形环压进去,同时向外拉采样管;

(4)用小平口螺丝起子取下固定仪器后面板的6个螺丝;

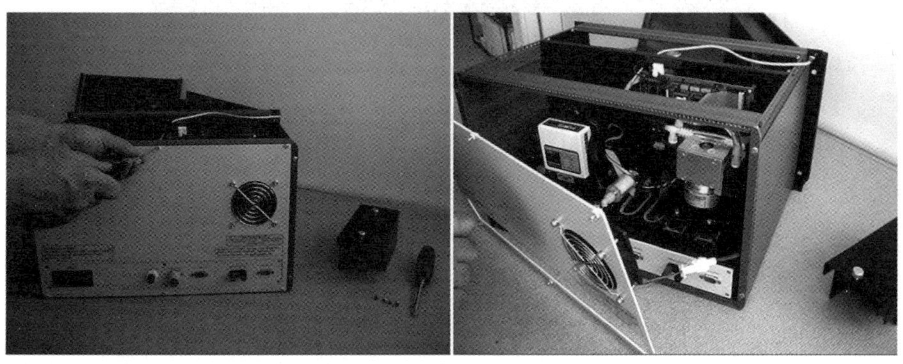

图1.14 拆除仪器后面板

(5)旁路过滤器在仪器后面的腔室里,接在紧固接头上;

(6)用起子或老虎钳按下内部紧固接头O形环,把过滤器拉出来;

(7)同样地,拔掉过滤器的另一端;

(8)安装新过滤器,指示箭头应指向仪器内部,确保把管子接头牢固地压入紧固接头的O形环;

(9)重新装好仪器后面板;

(10)装回采样管,确保连接牢固。

1.7.3.6 拆机和清洁

黑碳仪的光学分析室主要由以下几个部分组成:LED光源、光筒、滤膜和底座。样气通过进气管道进入分析光筒,再通过环形窗口到滤膜上。如果样气中含有颗粒物的话,会逐渐堆积在分析光筒里面。这不会影响数据的分析,但是会降低仪器的性能。因此需要定期清洁光筒。一般情况下,仪器须每6个月清洁一次分析光筒,以确保没有可能出现的外来物质,如昆虫和大颗粒或吸入的绒毛等。如果气溶胶浓度高的区域,这个时间要更短,在每一次更换样带时就清洁一次。拆机和清洁程序需要30 min,无须专用工具,无须专门技术,仪器的拆装也无须特别的临界排列或重新定位任何部件。步骤如下:

(1)拧开位于顶盖四角的螺丝,掀起仪器顶盖,注意上面板内侧有个小电缆与电源板连接,松开地线连接。

图1.15 打开仪器顶盖

(2)用手松开两个固定遮光罩的螺丝,卸下遮光罩(参见图1.12)。

(3)用手拧下左、右侧滤膜卷轴上的固定螺丝,卸下滤膜卷轴前的塑料板。

(4)旋下光筒上面的灯座盖子,小心地移开光筒顶盖,操作时要注意保护穿过盖子的灯座电缆。

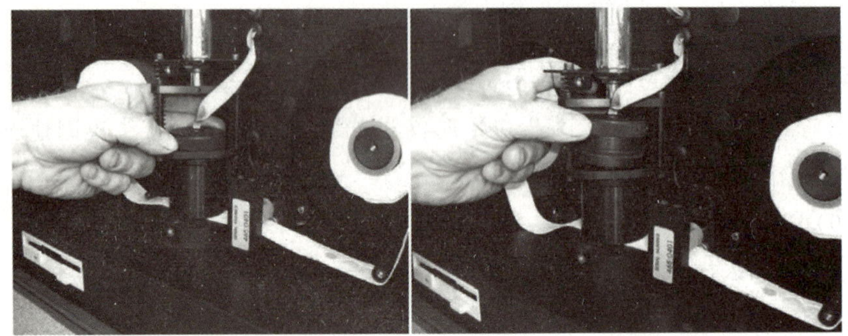

图1.16 移除光筒顶盖

(5)将电缆连同灯组合件一起拉出光筒,将灯座盖子、电缆和插头连同灯组合件放到一边,向上抬起托架,取出O形垫圈。

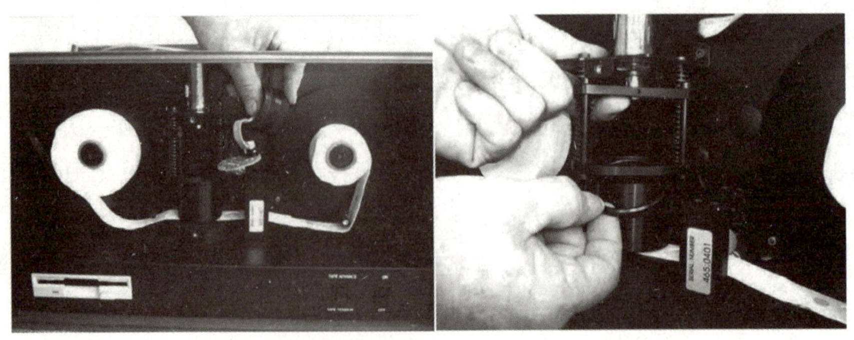

图1.17 拆除光源、取出O形垫圈

(6)将一只手放在仪器后部底盘处，抓住光筒后部的进气管，另一只手向前拔出光筒，断开样品进气管路。

图1.18 取出光筒

(7)提起提升连杆，清洁光筒底座和光筒进气管路。

(8)灯组合件是在一块镀金电路板上的，可能会有所松动，用蘸有酒精的软布轻轻擦拭灯组合件。

(9)在灯组合件下面的光筒，有两块石英窗，上面一块是密封的，下面一块在中间有开孔，并镶嵌着决定采样区面积的金属环，样气通过这个孔。用蘸有酒精的软布或棉棒轻轻擦拭光筒的石英窗，用脱脂棉签或者镊子夹上脱脂棉蘸上酒精仔细地、小心地擦洗光筒，清除里面的杂物。注意不要用力过大，否则会刮伤或损坏镜面。如果光筒非常脏，可倒入少量酒精清洗，将清洗酒精从进气软管中吹出，再用棉花擦拭，最后热风吹干。

图1.19 清洁光筒

(10)确认所有的部件已经清洗完毕后,按照拆卸时相反的顺序复原安装各部件。放回光筒,放回固定环,重新插回灯组合件和电缆。注意检查灯组合件的方向(如果它被取下来了),确保它被安放在两个小柱子上;注意观察电缆插头上的突起,它只能从一个方向插入插座。所有的部件都是有对应安装卡槽的,并不需要特别的对准操作。

(11)旋回灯座盖子时,拧紧前要注意确实已对准螺丝扣,不要没对准就用力拧,最后检查光筒和固定环是否都紧密地固定在提升连杆上。

(12)在把仪器上盖板安回之前,进行"信号+流量"的检测,进入"信号+流量"的检测模式,按动向上、向下箭头以确认在开灯/关灯的情况下光信号正常;对仪器的气路进行仔细的检查,看是否安装好,有无漏气现象;检查后面板上的冷却风扇,确保风扇工作正常。关掉电源,装回顶盖板,连接好线路。

1.8 初级故障诊断

如果仪器指示未工作,可用下面的步骤进行系统初级故障诊断,查找故障产生的原因。这并不仅仅是在实验室进行的一个全面的检查,还可以让台站上的操作人员在发现问题时能现场进行修理,或者把仪器返回中心实验室进行修理。所以,执行下面程序的时候,应根据自己的需要做好详细的记录。

检查仪器的时候,应该把仪器平放在桌面上,留出足够的空间,以便打开仪器的前、后面板;把采样进气管从仪器后面的转接头上取下来,向里压紧转接头上面的灰色O形圈,同时向外拔掉进气管,接着拧下转接头,可以看到仪器后面板上的进气接口。确保电源线是三角接地的,打开后面板上的电源总开关,但是要关闭仪器前面板的电源开关。

● 电源和显示屏

打开仪器前面板上的电源开关,仔细观察,可以看到开关处有个红色指示灯。如果红色指示灯亮,说明电源是好的,仔细观察显示屏,屏幕背景光会亮起来,并显示软件编号,然后满屏显示"Magee Scientific"。如果一切正常,说明显示屏是好的。

● 电脑和程序

继续观察显示屏,屏幕左上角闪动的光标,说明仪器正在载入程序,几秒钟后,屏幕会显示"Magee Scientific"、软件版本号和60 s的倒计时。如果一切正常,说明主电脑和程序调用都没有问题。

按向下箭头,屏幕显示"Operate",再按一下,会显示"Change Settings",再按,屏幕显示“Signals & Flow”，按“Enter”进入，进入后再按一次“Enter”键。

● 数据采集和光学测试

显示屏开始显示的是几行数字：第一行显示的是“RefV”(参考电压)，光探测器检测到的参照区电压；第二行显示的是“SenV”(感应电压)，光探测器检测到的采样区的感应电压；第三行显示的是“FlowV”，空气流量传感器检测到的流速信号。如果能看到这三行数字，说明电脑主电路板上测量电压信号的功能是好的。如果仪器不能显示这几行数字信号，长时间只能显示空白，说明模数转换器有问题。

打开仪器的前面板，用一只手按住“滤膜进位”按钮约5 s，然后另一只手将滤膜向前拉出约2 cm，以确保数据分析在新的采样滤膜上进行。

接下来，记下屏幕上显示的参考电压和感应电压值。首先，在第一行右边显示“Lamp=0”，所有的LED灯都处在关闭状态，参考电压和感应电压值应该接近零值，通常为0.05 V或更小的值。这时，按键盘上的数字“1”键，几秒钟后屏幕右上角显示“Lamp=1”，说明光源板上的灯1开始工作，这两个数据值应逐渐增加。记下灯1检测到的参考电压和感应电压值，这两个电压值的理想范围应是1~4 V，其具体值并不重要。重复上面的步骤，按相应数字键检查灯2到7，记下各自的参考电压和感应电压值，这些数据不同是正常的，但是都应该在1~4 V的范围内。

最后，按数字键“0”，屏幕显示“Lamp=0”，参考电压和感应电压的值应该逐渐减小到0 V。

● 滤膜进位机构

打开前面板，拧下两个螺丝，取下光室的金属防护罩，用手向上提起光筒，大约只能提升2 mm。用另一只手将滤膜拉出光筒和底座之间的缝隙，滤膜会变皱，但是没有关系，接着观察光筒和底座之间2 mm的空隙内是否干净，不能有白色的石英纤维软毛和杂物。如果有的话，应用一小片软布擦拭这2 mm之间的空隙，把软毛或者杂物清洁干净。

提起光筒，把滤膜向右拉出约5 cm，确保滤膜从左边引导棒和右边的活动的紧固臂下面穿过，松开光筒，用手晃动紧膜转轴，确保它能在约2 cm的范围内自由活动。

按下紧膜开关，右边滤膜卷的轴心将会慢慢旋转，并把松的滤膜从左边拉到右边。滤膜拉紧之后，紧膜转轴会慢慢地向左移动到达限定位置，然后会触动驱动开关，使电机停止。检查并确认电机已经停止工作。

用铅笔在靠近光筒的滤膜上作个小标记，按住滤膜进位开关约20 s。第一次按的时候，应确认能听到“咔嗒”声并且电磁铁会抬起光筒，进位电机带动滚轴慢慢地转动，大约15 s后，电机继续转动直到进位完成，这时可以松开按键，整个过程需要1 min。

检查滤膜上的铅笔标记，应向前移动大约1 cm，滤膜进位只在1 min周期的中间时段进行。进位完成后，滚轴将会释放进位开关，光筒掉下来，并能听到“咔嗒”声，确定整个滤膜进位过程运行正常。

第二章 多角度吸收光度计

多角度吸收光度计(MAAP-5012)碳黑监测仪是由美国热电公司(Thermo Scientific)研制和生产的,可用来测量环境大气黑碳浓度和气溶胶光吸收特性,它对气溶胶光化学吸收测量方法做出了改进,把气溶胶粒子的散射作用独立出来并消除了散射作用对测量结果的干扰。

仪器进气口可选TSP、PM_{10}、$PM_{2.5}$和$PM_{1.0}$切割头,可自动进行温度与压力修正,具有运行稳定、维护量小的特点。

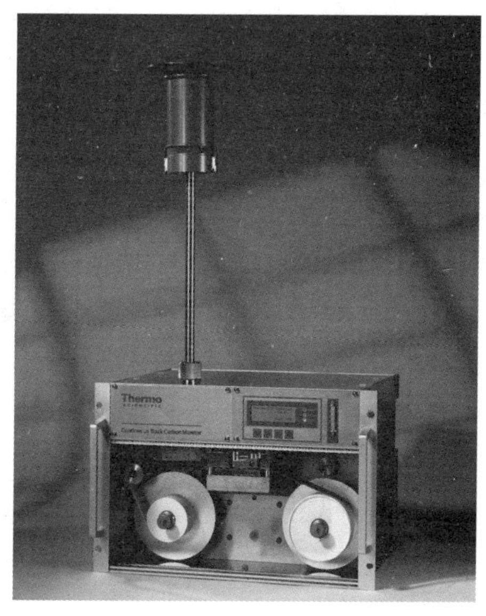

图2.1 多角度吸收光度计

2.1 仪器工作原理

多角度吸收光度计碳黑监测仪(以下简称“碳黑监测仪”)是根据气溶胶光吸收特性和相应大气的黑碳质量浓度原理研制的。碳黑监测仪装有一个多角度吸收光度计,光度计根据测量采样滤膜上沉积的颗粒物对光前向和后向的改变,反演出气溶胶中吸收性气溶胶的浓度,考虑了气溶胶以及滤膜之间的多次散射作用。

大气样品由进气口进入碳黑监测仪内,经过进气管,在玻璃纤维滤膜上沉积,如图2.2所示。气溶胶样品在采样滤膜上积累达到阈值后,采样滤膜会自动推进。在检测光室内,用670 nm的可见光作为光源,投射到滤膜和采集的气溶胶颗粒上,光学探测器测量前向透射光以及后向反射光。样品测试之前,仪器首先测定空白滤膜对光的反射和透射,之后随着颗粒物在滤膜上累积,光强相对空白滤膜测定值减小。在仪器运行期间,光透射、多角度反射和采样体积被连续测量,从而可计算得到黑碳气溶胶的实时浓度。

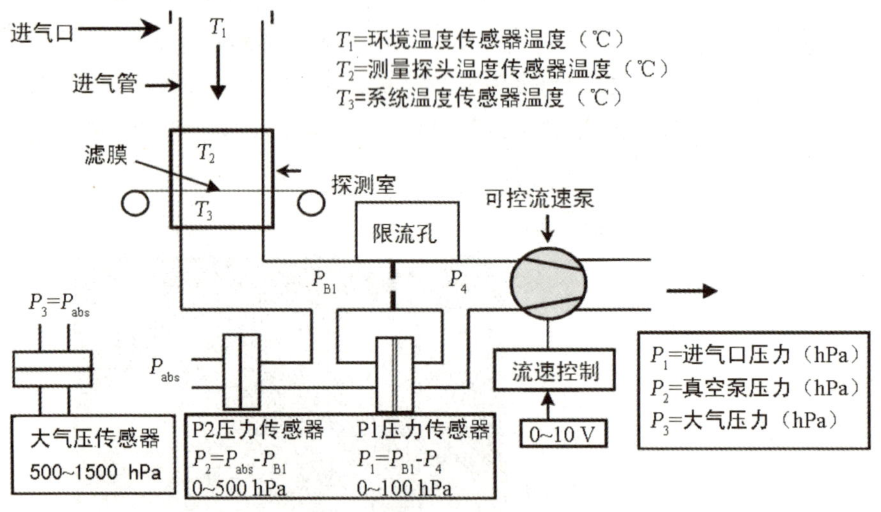

图2.2　碳黑监测仪流程示意图

碳黑监测仪检测吸光性气溶胶,这些气溶胶主要来自燃烧源排放,测量的数据可以通过校准菜单中的衰减因子转换成气溶胶光吸收系数。碳黑监测仪的特点是,它对气溶胶光化学吸收测量方法做出了改进,把气溶胶颗粒物的散射作用独立出来并且消除了散射作用对测量结果的干扰。图2.3是检测室示意图。

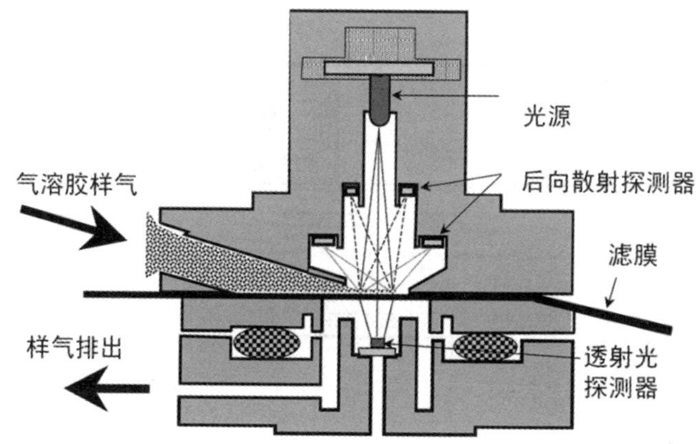

图 2.3 碳黑监测仪检测室

碳黑监测仪测量黑碳浓度的范围有 0~60 ng/m³、0~180 ng/m³、0~900 ng/m³（分别为 30 min、10 min、2 min 平均值）。最低检测值：2 min 值<100 ng/m³，10 min 值<50 ng/m³，30 min 值<20 ng/m³。温度测量范围为-30~70 ℃。压力 P_1 为 0~100 hPa，P_2 为 0~500 hPa，P_3 为 500~1500 hPa。仪器操作环境条件温度范围为-20~50 ℃，相对湿度范围为 20%~80%，压力范围为 750~1050 hPa。

2.2 仪器安装及结构

碳黑监测仪的安装包括连接采样管和真空管路、连接模拟量输出板块和串口等。具体安装步骤如下：

（1）把进样管连接到仪器顶部的进样管接头（图 2.4），确保采样管路（进气口切割头、进样管）清洁、干燥、没有杂质污染。如果采用标准采样管进气，所有管路必须为聚乙烯 R-3603 真空管，外径 1~3/8 英寸，最小内径 5/8 英寸，并配备合适的卡套，聚乙烯管通过一个钢质的进样管接头与仪器相连，长度应尽可能短，以防止粒径>0.5 μm 的颗粒沉积。最后 1 m 进样管需要用不透光的材料保护，以防止光进入检测室内造成干扰。如果管路长度超过 10 m，建议采用钢质管，如果样品中有带电颗粒物，请选用防静电管。注意采样时必须保持常压状态，必要时可使用图 2.5 所示的旁路分流装置。

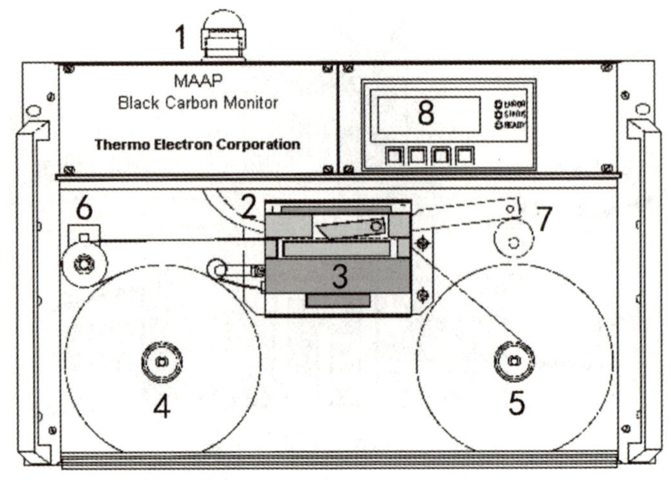

图 2.4　碳黑监测仪前视图

1—进样管接头;2—输送空气到检测室的管路;3—检测室;4—滤膜输送轴;5—滤膜接收轴;6—转动轴和滤膜输送传感器;7—凸轮轴;8—显示屏

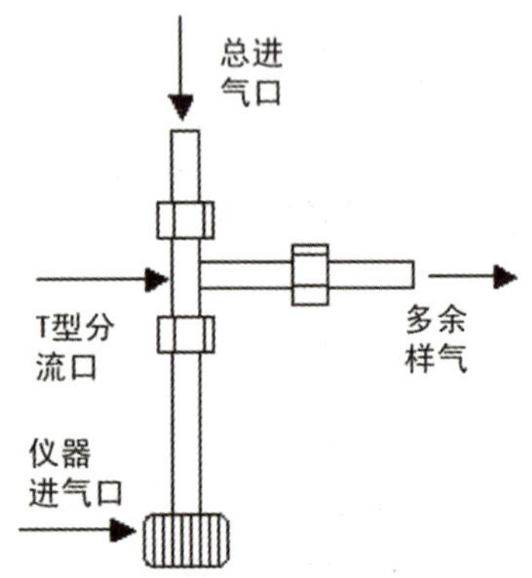

图 2.5　碳黑监测仪大气旁路分流装置

(2)连接泵真空管路到后面板的真空连接口(图 2.6)。

(3)连接泵排气口到通风口或过滤器。

(4)连接 9 针泵电压控制接头到后面板(图 2.6)。

(5)连接电源线到后面板。

(6)连接泵和仪器的电源,仪器和泵要连接接地线。

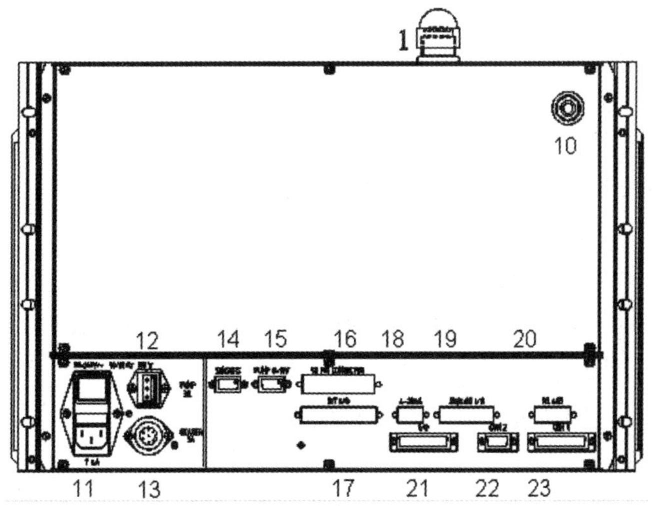

图2.6　碳黑监测仪后视图

10—真空泵管连接头；11—电源连接端口、保险丝、总开关；12—未用；13—未用；
14—温度传感器连接端口；15—泵电源连接端口；16—50针网线连接端口；
17—输入/输出端口；18—附加模拟输出端口；19—模拟输入/输出扩展；20—未用；
21—25针输入/输出端口；22—COM2串行数据接口；23—COM1串行数据接口

碳黑监测仪和黑碳仪相同，都要用到采样滤膜。在仪器初次开机运行时，需要安装采样滤膜，具体步骤如下：

(1)打开仪器电源，进入维护菜单，用键盘向上抬升监测探头；

(2)打开仪器中央单元的前面板上的透明玻璃防护盖；

(3)松开滤膜供应轴和接收轴上的螺母(图2.4)，移走旧的滤膜，并将供应轴清洗干净；

(4)将新的滤膜装在滤膜供应轴上，同时将空的卷轴安装在滤膜接收轴上；

(5)将滤膜顺时针绕过转动轴，从左到右穿过检测室，用双面胶带将滤膜固定到接收轴上；

(6)用手拧紧滤膜供应轴和接收轴上的螺母；

(7)进入维护菜单，启用键盘，转动滤膜直到它在接收轴上缠绕两圈；

(8)进入维护菜单，启用键盘，放下监测探头；

(9)按“Back”键直到显示返回到主菜单界面，按“FC+Z”初始化；

(10)重新装上中央单元的前面板上的透明玻璃防护盖。

如果安装的滤膜没有拉紧，在滤膜更换周期内，滚轴就不能转动。在滤膜更换完成后，泵会自动打开，但是同时相应错误状态也将启动。因此必须检查滤膜，重新安装调整后，需要再次按“FC+Z”初始化。

2.3 操作与维护菜单

本节主要介绍仪器前控制板显示屏、键盘以及用于操作和维护的各种菜单的操作。

2.3.1 显示屏

数字式显示屏共4行，每行最多容纳20个字符，可显示样品浓度、仪器参数、仪器控制选项及帮助信息。有的菜单内容较多，翻屏即可浏览所有选项。使用“Back”键和“Next”键在主菜单与子菜单之间切换。

2.3.2 键盘

键盘包括4个键，用户可通过它们操作仪器，这些键和显示屏一起组成互动平台，每个键的独立功能在显示屏的底行都有显示。

* “Back”“Next”在菜单内上下移动；
* “Yes”进入子菜单，执行所显示的操作；
* “Yes”/“No”开/关参数标识；
* “+”“-”设置数值。

每个键在不同菜单中的特定功能将在相应菜单介绍中给予详细描述。正常操作中键盘一般是锁住的，通过使用“Back”“Next”和“Yes”键可以访问大多数菜单选项和所有显示项目。更改参数以及校准则只能在键盘解锁后进行，并且校准必须在输入正确密码后才能进行。

2.3.3 主菜单

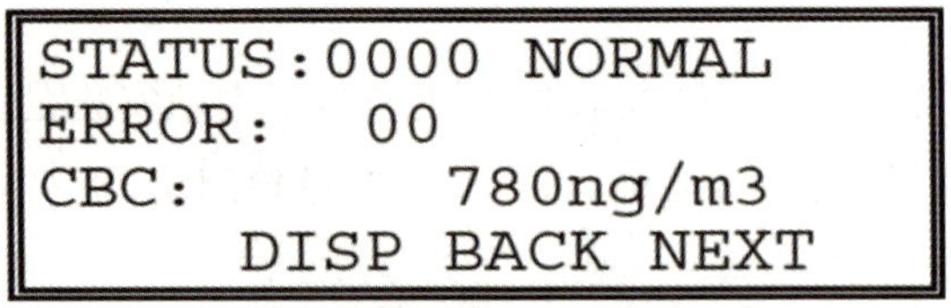

```
STATUS:0000 NORMAL
ERROR:   00
CBC:          780ng/m3
     DISP BACK NEXT
```

图2.7 碳黑监测仪屏幕主菜单

主菜单屏幕中显示仪器状态（0000 NORMAL）和黑碳浓度（CBC），浓度以ng/m^{3}为单位，以一定时间间隔更新。使用“Disp”键和“Next”键还能查看其他参数，例如透射率、黑碳质量、空气流速、平均浓度、错误状态、时间。主菜单包含的子菜单如下：

```
TRANSM.:      81.22 %
MASS:         0.14 μg
AIR FLOW:     1001 l/h
                BACK NEXT
```

显示透光率(%)、黑碳质量(μg)和空气流速(L/h)。

```
AIR FLOW
OPERATION     1001  l/h
NORM 0 °C     897 Nl/h
              BACK NEXT
```

进样的体积流速以及换算至标准状态下的空气流速。

```
MEAN VALUES IN ug/m3
LAST:     95  1h:    43
3h:       36 24h:    25
              BACK NEXT
```

上一次测量,前一个小时、三个小时和前一天的平均黑碳浓度值,24 h平均值在午夜更新一次,其他值则是连续更新的。

```
ERROR STATUS:
0000 0000 0000 0000

      TEXT  BACK NEXT
```

显示错误状态,每位取值在1到F(十六进制:16)范围内。

```
ERROR STATUS:
FLOWRATE MEAS.!

      TEXT  BACK NEXT
```

如果多于两个设备出现故障,可通过重复按“Next”键查看余下的内容。

```
DATE/TIME
03-03-20  21:05:00

      SET   BACK NEXT
```

日期/时间显示格式,使用“Set”键可以修改当前日期/时间,依次从年、月、日、时、分、秒来修改设置(必须激活键盘)。

```
DATE/TIME
03-03-20  21:05:00
YEAR:         03
-     +     BACK NEXT
```

使用“+”“-”键即可设置参数值。

2.3.4 操作菜单

```
      OPERATION
********************

           YES BACK NEXT
```

按“Yes”键进入操作菜单，“Back”键回到主菜单，“Next”键进入维护菜单。

```
   OPERATION
KEYS ENABLED/OFFLINE

          SET   BACK NEXT
```

按“Set”键进行键盘和串行操作之间的切换，键盘未激活时既不能设置参数也不能更改仪器状态。

2.3.5 串行数据输出

```
  OPERATION
SERIAL DATA OUTPUT
PRINTER/ PC       COM1
 COM2   YES   BACK NEXT
```

按“COM1”/“COM2”键可以在COM1和COM2两个端口间切换，除了打印循环和设备地址，所有COM1和COM2参数都可以单独设定。

```
SERIAL DATA      COM1
PRINT FORMAT:
         9
  -     +     BACK NEXT
```

选择打印格式。

```
SERIAL DATA      COM1
PRINT FORMAT:
              9
      PRINT  BACK NEXT
```

按下“Print”键，即可打印指定格式的报告，期间按“Back”键即可中止打印。

```
SERIAL DATA
PRINT CYCLE:
             15 min
  -     +     BACK NEXT
```

到达预设时间之后，将自动打出选定格式的数据报告，如果时间预设为0 min，接下来的菜单允许设置周期为0~120 s的循环。

```
SERIAL DATA      COM1
BAUDRATE:
             9600 Bd
  -     +     BACK NEXT
```

设置比特传输速率，用户可在300、600、1200、2400、4800和9600 bps中选择。

```
SERIAL DATA
DEVICE ADDRESS:
              1
  -     +    BACK NEXT
```

通过串行接发命令，激活这个地址的设备。

2.3.6 打印格式

打印时仪器工作不受影响，可正常操作。在第一串行连接打印过程中，第二串行连接可以被用于远程控制，内部存储器能够储存大量打印格式信息，一年之间所有半小时平均值（包括日期和状态信息）的传输需要632 KB，在9600 bps的传输速率下，整个过程大概需要10 min。

打印格式举例：

1）日期、时间、状态以及黑碳浓度（ng/m^3）

01-11-16 15:39:38 000000 3762

2）日期、时间、状态、黑碳浓度（ng/m^3），以及黑碳质量（μg）

01-11-16 15:39:38 000000 3762 0.93

3）日期、时间、状态、黑碳浓度（ng/m^3）、黑碳质量（μg）以及空气流速（L/h）

01-11-16 15:39:38 000000 3762 0.93 1000

5）日期、时间、状态、黑碳浓度（ng/m^3）、黑碳质量（μg）、空气流速（L/h）、前次黑碳浓度值（ng/m^3），以及前1 h、3 h和24 h的黑碳浓度平均值（ng/m^3）

01-11-16 15:39:38 000000 3762 0.93 1000 3762 3521 4250 1965

6）网络检测协议

<STX>MD01 002 +3023+01 0000 003 000000 <ETX>3B

8）参数列表

打印格式8提供仪器的参数列表，含有仪器所有内部存储的操作和校准参数，推荐在收到仪器时下载打印格式8，作为出厂默认设置保存，在每次校准后也推荐下载一份参数列表（图2.8），便于作为记录保存。如果出现警告或处在错误状态时，可下载参数列表进行检查。

```
Thermo Electron     MAAP  v1.1     SERIAL NUMBER     3   01-11-16
---------------------------------------------------------------------

SIGMA BC:                  6.6 m2/g
AIR FLOW 1/h               1000
MEASURING CYCLE:           10 min

CONC. REFERRED TO           OPERATING CONDITIONS
STANDARD TEMPERATURE        0 °C

PRINT FORMAT:                 8
PRINT FORMAT:                 0
PRINT CYLCE:                  5 min
BAUD RATE:          Bd    9600
DEVICE ADDRESS:               1

FILTER CHANGE
TRANSM. <          %        20
CYCLE              h       100
TIME             HOURS      24

SENSOR CALIBRATION
  P1,V P1,NP  P2,V P2,NP P3,NP T1,NP T2,NP T3,NP
    45    43   226   465  -649   507   507   166
AIR FLOW                 10.09

ANALOG OUTPUTS
OUTPUT ZERO POINT:     4 mA
CBC        0 10000
MBC        0    30
Q-OP    500  1100
T1      -10    30
T2      -10    30
Q-N     900  1100

GESYTEC-PROTOCOL
STATUS OCCUPATION        STANDARD
NUMBER OF VARIABLES             3
CBC MBC Q-OP

END
```

图 2.8　仪器内部参数列表

9)参数修改列表:22项条目

打印格式9提供一份参数修改列表(Parameter Change List),每次更改操作或校准参数后,都会留下一份记录以便追踪参数的改变,可帮助用户回顾更改操作的日期、时间,确保数据质量和规范仪器使用(图2.9)。

```
Thermo Electron     MAAP v1.1     SERIAL NUMBER   3   01-11-16
---------------------------------------------------------------------
PARAMETER CHANGE LIST               No.:    83
01-11-16  15:31 PRINT CYCLE:              10     0
01-11-16  15:31 PRINT CYCLE:               1     0
01-11-16  15:30 PRINT CYCLE:               0    10
01-11-16  15:26 AIR FLOW RATE 1/h        500  1000
01-11-16  15:24 AIR FLOW RATE 1/h       1000   500
01-11-16  15:11 OUTSIDE TEMPERATURE        0    30
01-11-16  14:39 OUTPUT ZERO POINT:         0     1
.
.
END
```

图 2.9　仪器修改参数列表

11 & 19)日志:20 & 1632项条目

打印格式11和19提供记录和事件的日志,仪器状态改变后,新的状态(包括日期、时间、细节状态代码、总体状态代码、浓度、质量、空气流速以及传感器数据)将保存至日志。如果目标事件发生,查看日志可得到仪器操作的精确信息。

```
Thermo Electron     MAAP v1.04     SERIAL NUMBER     3   01-11-16
------------------------------------------------------------------------
LOG-BOOK
DATE/TIME         ERROR                     STATUS  CBC   MBC Q_PM    T1    T2    T3    P1    P2   P3 Sref    S0
01-11-16  15:30 0000 0000 0000 0000 000000 3377     0  999    21    20    24    27    89 1000 1015   497
01-11-16  15:27 0000 0000 0000 0000 000010 3513     0 1000    20    20    24    27    90 1000 1014   508
01-11-16  15:27 0000 0000 0100 0000 080010 3513     0  941    20    20    24    23   194 1000 1014   509
01-11-16  15:23 0000 0000 0000 0000 000010    0     0  498    20    20    24     6    39 1000 1015   519
01-11-16  15:22 0000 0000 0000 0000 000000    0     0  502    20    20    24     6    39 1000 1015   522
01-11-16  15:19 0000 0000 0000 0000 000002    0     0  971    21    20    24    32    98  999    7     4
01-11-16  15:18 0000 0000 0000 0000 000009    0     0    0    20    20    23    -0     2  985 1021   309
01-11-16  15:18 0000 0000 0000 0000 000089    0     0    0     4     4     5    -0     3  190 1021   308
01-11-16  15:01 0000 0000 0000 0000 000010 3972     4  517    21    20    24     6    37 1000 1016   325
01-11-16  15:01 0000 0000 0100 0000 080010 3972     4  648    21    20    24    15    64 1000 1016   325
01-11-16  15:01 0000 0000 0000 0000 000010 3972     4  519    21    20    24    29    98 1000 1016   326
.
.
END
```

图2.10　仪器状态日志参数列表

30,31 & 39)平均值:60,60 & 18560项条目

按照设定的测量间隔/循环设置,采用打印格式30、31或39可打印出存储器中的测量数据,打印格式30和39没有抬头行,打印格式31如下图2.11所示。通常选择打印格式30和39导入电子制表软件进一步处理数据。打印格式39提供扩展存储器里的数据,可以包含超过一年的30 min平均值。

```
Thermo Electron     MAAP  v1.04     SERIAL NUMBER     3   1-11-16
--------------------------------------------------------------------
MEAN VALUES
DATE/TIME         STATUS CBC[ng/m3]
--------------------------------------------------------------------
01-11-16  15:58 000000 3189
01-11-16  15:56 000000 3350
01-11-16  15:54 000000 3329
01-11-16  15:52 000000 3305
01-11-16  15:50 000000 3342
01-11-16  15:48 000000 3375
01-11-16  15:46 000000 3400
01-11-16  15:44 000000 3443
01-11-16  15:42 000000 3589
.
.
END
```

图2.11　仪器(31)打印格式

40 & 41)每日平均值:最多380行

打印格式40和41的区别是40没有抬头行。图2.12是打印格式41。

```
Thermo Electron    MAAP v1.04    SERIAL NUMBER    3   01-11-16
------------------------------------------------------------------
DAILY MEAN VALUES
DATE       o.k.%    CBC[ng/m3]
------------------------------------------------------------------
01-11-16 100  3564
01-11-15 100  4127
01-11-14 100  3736
01-11-13 100  7314
01-11-12 100  4512
.
.
```

图 2.12　仪器(41)打印格式

61)独立于打印循环,根据相应计算输出数值,0时会输出一个如打印格式31中所示的抬头行。

81,82 & 83)同格式1、2和3,只是每天0时输出一个抬头行。

2.3.7　自动换膜参数设定

```
     OPERATION
FILTER CHANGE

     YES   BACK NEXT
```

在操作菜单的这部分可以设定自动换膜参数,手动更换滤膜不包括在本菜单内,下面列出的参数为推荐默认设置。

```
FILTER CHANGE
--------------------
MASS >       30 ug
  -     +    BACK NEXT
```

透光率达到20%或黑碳质量达到30 μg时自动换膜,透光率小于20%说明采样已经饱和,测量准确度下降。

```
FILTER CHANGE
--------------------
CYCLE      :      6 h
  -     +    BACK NEXT
```

自上一次换膜至现在的时间间隔达到输入值,将触发自动换膜,周期长度为1~100 h。

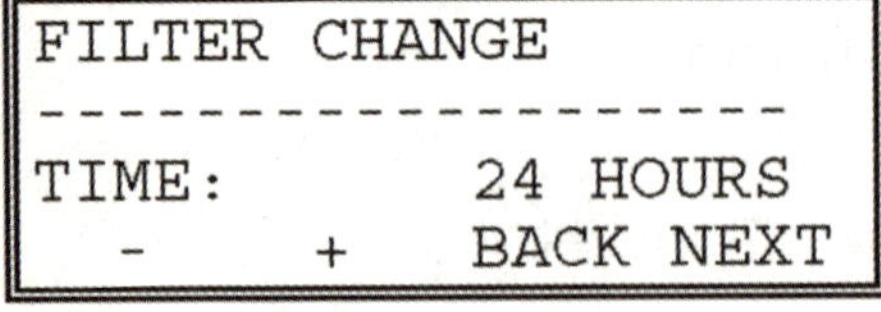

设定时间自动换膜,之后计时器将重置,时间范围是0~24 h。0时根据采样循环设置换膜,24时自动换膜。

空气流速低于正常值的95%也会触发自动换膜,OFFLINE模式下,将不会执行自动换膜。

```
AIR FLOW          l/h
REG.%   NOM.     ACT.
  438   1000     1012
   NOMINAL BACK NEXT
```

这个界面显示空气流速设定值和实际值,以及以百分数形式表示的泵控制器输出(如43.8%)。

```
AIR FLOW          l/h
NOMINAL VALUE:
            1000 l/h
  -    +    BACK NEXT
```

这个界面用于输入体积流速的设定值(默认值=1000 L/h=16.67 L/min),建议范围:500~1200 L/h(8.3~20 L/min)。

2.3.8 模拟输出配置

```
     OPERATION
ANALOG OUTPUTS

        YES BACK NEXT
```

在这里能够定义模拟输出范围,模拟输出值以毫安(mA)为单位显示。

```
ANALOG OUTPUTS
OUTPUT ZERO POINT:
          SET: 4mA
 0mA  4mA  BACK NEXT
```

可选的零点输出:0 mA/0 V或4 mA/2 V,图中选择了4 mA(或2 V)作为零点输出。

```
ANALOG OUTPUTS
CONCENTRATION:
 4mA:        0 μg/m3
  -    +    BACK NEXT
```

可选的模拟输出零点对应的黑碳浓度,允许范围:-1000~1000 μg/m³,通常这个值由24 h的零点测试决定。

```
ANALOG OUTPUTS
CONCENTRATION:
20mA:      500 μg/m3
  -    +    BACK NEXT
```

可选的模拟输出最大值对应的黑碳浓度,允许范围:0~99999 μg/m³。

```
ANALOG OUTPUTS
MASS OF BC:
 4mA:          0  μg
  -    +    BACK NEXT
```

模拟输出零点对应的黑碳质量,允许范围:-1000~1000 μg。

```
ANALOG OUTPUTS
MASS OF BC:
20mA:        2000  μg
  -     +    BACK NEXT
```

模拟输出最大值对应的黑碳质量，允许范围：0~99999 μg。

```
ANALOG OUTPUTS
VOLUME FLOW:
 4mA:           0  l/h
  -     +    BACK NEXT
```

模拟输出零点对应的流量。

```
ANALOG OUTPUTS
VOLUME FLOW:
20mA:        1000  l/h
  -     +    BACK NEXT
```

模拟输出最大值对应的流量。

```
ANALOG OUTPUTS
CHANNEL 5:   T1
                0
  -     +    BACK NEXT
```

使用输出代码0到11，T_1、T_2、T_3、T_4、P_1、P_2、P_3或标准Q等值可由模拟输出通道#5读出。

```
ANALOG OUTPUTS
CHANNEL 5:   T1
 4mA:           0
  -     +    BACK NEXT
```

模拟输出零点对应数值范围：-100~99999。

```
ANALOG OUTPUTS
CHANNEL 5:   T1
20mA:         100
  -     +    BACK NEXT
```

模拟输出最大值对应数值范围：0~99999。

```
ANALOG OUTPUTS
CHANNEL 6:   P3
                6
  -     +    BACK NEXT
```

使用输出代码0到11，T_1、T_2、T_3、T_4、P_1、P_2、P_3或标准Q等值可由模拟输出通道#6读出。

```
ANALOG OUTPUTS
CHANNEL 6:   P3
 4mA:          0
  -     +    BACK NEXT
```

模拟输出零点对应数值范围：-100~99999。

```
ANALOG OUTPUTS
CHANNEL 6:   P3
20mA:       1000
  -     +    BACK NEXT
```

模拟输出终点对应数值范围：0~99999。

2.3.9 语言

```
     OPERATION
LANGUAGE:     ENGLISH

         SET  BACK NEXT
```

按"Set"键可选择英语或德语为工作语言。

2.3.10 维护菜单

```
      SERVICE
*******************

         YES BACK NEXT
```

维护菜单允许用户进行硬件和零部件测试，以及电缆连接。

```
      SERVICE
KEYS ENABLED/OFFLINE

         SET  BACK NEXT
```

通过按"Set"键可以在键盘和串行连接间进行切换操作，键盘未激活时既不能更改参数也不能启动操作。

2.3.11 机械控制

```
      SERVICE
MECHANIC CONTROL

        YES  BACK NEXT
```

这个子菜单可以向上抬升监测探头及手动传送滤膜。

```
      SERVICE
OPEN HEAD ?

PUMP YES    BACK NEXT
```

按"Pump"键可以进行开启/关闭泵操作，不要通过拔电缆关闭泵，否则仪器将认定泵出现故障或管道中断自设为相应的错误状态。若要插入新的滤条，可抬升监测探头，此时泵将自动关闭。

```
      MAINTENANCE
MOVE FILTER STRIP
   28
      YES   BACK NEXT
```

抬升监测探头后，按“Yes”键开始滤膜传送，驱动马达自动运行，显示出的数字代表增量式计数器上的计数，这样就可以检查滤膜的传送是否正常。按“Next”或“Back”键可以让马达停止运行，接着放下监测探头，或者开始下一次滤膜传送。

```
      MAINTENANCE
CLOSE HEAD AND ZERO

FC+Z  YES BACK NEXT
```

按“Yes”键放下监测探头，并对仪器运行校零操作，可按“FC+Z”键来初始化和校零。

```
CALCULATION        53
w0 0.96892  R 0.0000
X1  -3.460  T 0.0011
START      BACK NEXT
```

屏幕中显示的是计算子菜单。右上角：步骤重复次数；W_0：颗粒和滤膜的单次反射率；R：反射项；X_1：透射率；T：透射项。

```
PHOTO DETECTORS
1416  609 1267 1237
0.713  0.812  0.722
LED         BACK NEXT
```

第一行（从左向右）：稳压二极管/透射率/165°反射率/135°反射率。第二行（从左向右）：透射率：0~1000；反射率：0~1000；反射的角度参数=K×135°反射率/165°反射率。按“Led”键开关光源，光源关闭时，第一行数字全部变成零。

```
ANALOG INPUT IN LSB
  96 1316  620  272
 1677 788 1856
            BACK NEXT
```

数模转换器提供的值以LSB（Least Significant Bit）为单位显示，比特步骤：0~2047。

```
      MAINTENANCE
ANALOG TEST OUTPUT

20mA 0/4mA BACK NEXT
```

按20 mA或0/4 mA的对应按键，可在所有通道输出相应信号，用于测试线路连接。按“Back”或“Next”键退出该菜单时，测量值将重新开始输出至模拟端口。

```
      MAINTENANCE
RELAY TEST?

      YES   BACK NEXT
```

进入继电器测试模式，要进行到下一个菜单，按“Yes”即可。

```
      MAINTENANCE
REL.:0 1 2 3 4 5 6 7

 <-    ->   BACK NEXT
```

所有的继电器（编号下有小方框标记的那个除外）均独立标识当前状态。使用“<-”“->”（向前、向后）键确定其中一个继电器已被开启，继电器0、1和2号位于底盘上，它们代表下列状态：继电器0：维护或校准；继电器1：超过限定值；继电器2：故障/错误。其余继电器位于印制电路板比特输入/输出外延上，并且主要同50针测量网络联用，该界面用于检查和测试线路以及后续处理设备连接。

```
      MAINTENANCE
BIT-INPUT: 0 1 2 3 4

                BACK NEXT
```

显示屏上展示的是输入比特的状态。0：通过开关触点触发滤条的更换；1~4：比特输入/输出外延设备（50针网络连接）；方框：输入闩锁的水平——低，无方框，输入闩锁的水平——高；比特0：通过闭合开关进行标准输入/输出自动换膜，开关闭合后会出现一个方框；比特1~4及50针网络连接：开关打开时出现一个方框，如果没有激活键盘，则不能行使相关的功能。“Input”下的方框代表检测头升降凸轮的零点，有方框表示探头是打开的，没有方框表示探头是闭合的。

```
      MAINTENANCE
DISP. OF CHARACTERS
RECEIVED AT COM 1 ?
      YES  BACK  NEXT
```

按“Yes”键将自动清空显示屏，之后数据接口COM1的数据将出现在显示屏上。这时不再能行使命令，按右边的那两个键可继续恢复正常界面和端口功能，这可以测试COM端口连接状态与主机的软件界面。

```
      MAINTENANCE
DISP. Of CHARACTERS
RECEIVED AT COM 2 ?
       YES  BACK NEXT
```

以上关于COM1操作程序的叙述同样适用于接口COM2。

```
      MAINTENANCE
RELOAD PARAMETERS
FROM EEPROM ?
       YES  BACK NEXT
```

参数预设好后，可储存到校准菜单的电可擦除只读存储器（EEPROM），也可从EEPROM载入参数。这一功能可用于改变参数后恢复至原始状态。打开监视设备后，当检测到随机存储器（RAM）中有错误发生时仪器将自动完成从EEPROM载入参数的操作。

2.4 校准

2.4.1 所需仪器备件

校准碳黑监测仪要有温度、气压和体积流量的测量设备：

* 热敏电阻或热电偶温度计：用于测量环境温度，量程为-30~45 ℃，最小刻度0.1 ℃。此温度计与标准温度计读数差应在±0.5 ℃之内，若有必要，可用满足上述准确度及最小刻度要求的多个温度计覆盖温度范围。

* 气压计：用于测量压力，量程600~800 mmHg(80~106 kPa)，最小刻度1 mmHg(0.13 kPa)。气压计应该与标准气压计校准至读数差在±5 mmHg(±0.67 kPa)之内，每年至少校准一次。

* 流速测量装置：用于校准或校验，流速测量精确到±2%。干空气表或皂膜流量计只适合实验室条件，外场测量应使用低压差文丘里测速计。

* 压差传感器所需的管路、三通接头、数字式压力计等。

2.4.2 校准准备

校准之前，确定仪器正常工作，用碳黑监测仪的内部诊断功能快速确定仪器工作状态。打开仪器，稳定一小时后进行校准。进行第2.5节"定期维护"中描述的维护检查，设定合适的操作参数。

2.4.3 校准菜单

```
    CALIBRATION
*********************
   MAAP v1.1
        YES BACK NEXT
```

此模式下校准黑碳质量、空气流速、温度及压力传感器，这些参数的正确校准对正确检测黑碳颗粒浓度是必需的。

```
    CALIBRATION
KEYS ENABLED/OFFLINE

      SET  BACK NEXT
```

通过"Set"键设定键盘或串行接口操作监视设备，如果键盘未被激活，则既不能改变参数也不能触发任何操作。

```
    CALIBRATION
No. OF CHANGE: 12345
02-06-01    8:47
             BACK NEXT
```

显示参数更改或校准的流水号，包括当时的日期(YY-MM-DD)和时间(HH:MM)，每次更改参数或进行校准后，计数器的数字将自动增加并记录当时日期。碳黑监测仪配有环状存储器(LIFO)，用于存储更改次数、日期、更改类型，以及修改之前和之后的数值。

```
    CALIBRATION
RELEASE CODE:
               147
  -     +    BACK NEXT
```

执行校准之前，有必要先输入正确的校准功能开启密码，147。如果4 min内没有按下键，或者仪器切换到在线(Online)模式，键盘将被锁住，输入校准密码后，即可开始校准程序。

```
    CALIBRATION
SIGMA BC:    6.6 m2/g

  -     +    BACK NEXT
```

黑碳气溶胶的散射横截面对浓度测量值有影响，散射截面系数由独立的测量或通过与基准方法对比调整得出。散射截面系数单位为m^2/g。"-"和"+"符号仅在校准功能激活时才出现。6.6 m^2/g是在研究成果的基础上得出的默认σBC值。

2.4.4 传感器校准

校准温度、压力和流速传感器，只需输入标准参比仪器上所指示的数值即可，碳黑监测仪即采用这些值。校准值被存储到电池缓冲的随机存储器(RAM)中，不会因断电而丢失。校准值也可以存储到电可擦除只读存储器(EEPROM)中作为备份，如果随机存储器出现错误，将自动载入EEPROM中的校准值，也可通过维护菜单手动载入。对于温度传感器和大气气压计，一次单点校准即可。对于两个用于测量空气流速的压差传感器，则需要进行零点和端点(斜率)的校准，温度和压力传感器的校准应在流速校准之前。外部温度传感器电线必须连接到标有"Sensor"(传感器)的插槽(图2.6，部件14)。

● Temperature 温度

```
    CALIBRATION
OUTSIDE TEMPERATURE
             15.6 °C
     CAL   BACK NEXT
```

显示的是测量值，按"CAL"键和"+""-"键可输入校正值，接受输入值按下"Next"键。

其他的温度传感器校准遵循同样的程序，如果仪器在无流速情况下约1 h，则可以参照外壳温度，否则，探头温度可能反映的是进入气溶胶的温度。

● Pressure 压力

```
    CALIBRATION
PRESSURE SENSORS

     YES   BACK NEXT
```

按"Yes"键开始压力传感器校准。

```
    CALIBRATION
ZERO POINT P1/P2

PUMP   YES BACK NEXT
```

按“Pump”关闭泵，并等待10 s，泵关闭后按“Yes”键，压差传感器的值P_1和P_2的偏移值被存储，压力传感器被校零。

为继续限流孔(P_1)和泵(P_2)压力传感器的校准，需要移开仪器的顶板，首先移除进样装置，然后移除每个侧面左上部和右上部的两个螺丝钉，最后移除采样连接头和顶板之间的蓝色O形垫圈，此时可以自由地移除顶板。

沿泵真空管路向气路上游追溯，可以看到一个大的灰色塑料组件，组件内部是限流孔，组件上的黄铜零件连接有两根用于测压的管路。旋开靠下的黄铜零件并卸下测压管路。用注射器、三通、管路和标准压力计搭建一套压力校正装置，用于传感器校准。

```
    CALIBRATION
ORIFICE PRESSURE
          40.3 hPa
     CAL  BACK NEXT
```

连接压力校正系统，加压至30~50 hPa(通常为40 hPa)，稳定后，按“CAL”键，使用“+”“-”键校正压力，接下来按“Next”。

```
    CALIBRATION
PUMP VACUUM
            100 hPa
      CAL  BACK NEXT
```

抽出100 hPa后的负压状态，稳定后，按“CAL”键，使用“+”“-”键校正压力，接下来按“Next”。

输入所在点的绝对大气压(不要输入相对海平面的压力)，如果使用的是本地提供的数据，请确认已进行海拔校正。

- Flow Rate Calibration 流速校准

```
    CALIBRATION
BAROMETRIC PRESSURE
            985 hPa
      CAL  BACK NEXT
```

用于校准空气流速的子菜单。

```
    CALIBRATION
AIR FLOW

     YES   BACK NEXT
```

最初显示的是仪器测得的体积流速，按“CAL”键，输入校正仪器测得的实际空气流速，按“Next”，等待30 s，让仪器进行指定的流量调整。如有必要，可重复多次，直到标准流量计和碳黑监测仪的流速测量值相差在20%以内。最后进行空气流速校准,因为温度和压力传感器的校准如果放在后面进行会对空气流速校准有影响。

2.4.5 参数设置

下列菜单中,可以设置仪器测量的重要参数。

```
    CALIBRATION
AIR FLOW
            897 l/h
     CAL  BACK NEXT
```

黑碳浓度的读数间隔时间设置,可以在 2 min、5 min、10 min、30 min 中进行选择。

```
    CALIBRATION
MEAS. INTERVAL
              2 min
 -   +   BACK NEXT
```

计算浓度时,可以使用实际条件下的体积,或者标准状态下的体积。

```
    CALIBRATION
CONC. REFERRED TO
OPERATING CONDITIONS
      SET  BACK NEXT
```

这里可以设置标准状态的温度,范围为 0~100 ℃,大多数环境应用实例中设定 20 ℃或 25 ℃为标准温度。

```
    CALIBRATION
STAND. TEMPERATURE
           25 °C
 -   +   BACK NEXT
```

自由设定 RS232 协议参数。

```
    CALIBRATION
GESYTEC-PROTOCOL
STANDARD VERSION
    SET   BACK  NEXT
```

显示屏中出现的是传送的变量(此例中为 3),数目可在 1~7 之间变化。

```
GESYTEC-PROTOCOL
NUMBER OF VARIABLES
              3
 -    +  BACK NEXT
```

将所有参数、日期和校准数据写入存储器。

```
WRITE PARAMETERS
INTO THE EEPROM ?

     YES  BACK NEXT
```

操作菜单的任何改动都将被保存到存储器中，如果出现临时断电，操作菜单会恢复至之前的设置。所有校准完成后，可以锁住键盘，正常操作可以继续，通常校准后需要自动换膜并校零（“FC+Z”）。

2.5 定期维护

这里主要介绍仪器的定期维护程序。正确执行这些操作，确保碳黑监测仪能够正常不间断地工作。某些配件，如采样泵、滤膜有一定的使用寿命，应当定期检查，如有必要应进行更换。其他的维护包括：光学器件需要每年清洗，压力和温度传感器应定期检查和校准。下面将详细说明具体的检查以及清洗方法，配件更换的方法见2.7节“维修”。

有时候少量静电会引起内部零件损坏，因此处理这些元件时必须佩戴正确接地的抗静电腕带。

2.5.1 真空泵维护

仪器采用一个旋片式真空泵，该泵噪音低，产热量小，可以长时间连续工作，维护简便。泵抽入的空气不含颗粒物，泵入口处无须再安装额外的过滤器，工作时会排出少量碳粉尘，如果需要监测室内空气，泵出口处应安装过滤器从而避免干扰。

默认情况下，空气流速设定为1000 L/h（16.37 L/min），容许偏差为5%。测量黑碳气溶胶时，泵流速可设在500~1200 L/h（8~20 L/min）范围内，但必须和进气口气溶胶切割头要求匹配。如果流量不能达到设定值，仪器将假定颗粒物采集已经饱和，滤膜将自动前卷。通过操作菜单命令显示出泵功率值，检查泵的工作状态，如果流速低于设定值，而泵的动力很高（>95%），则用户需要检查仪器气密性，如果所有气路配件都已经拧紧，则有可能是泵磨损，用户应更换碳刷（请参考2.7节“维修”）。

旋片式真空泵工作时通常只接触经过过滤的空气，所以碳叶的磨损并不严重。一套碳质轮叶的工作寿命累计可在一年以上。因此，用户可每2000~3000 h（约3个月）检查一次，或者每年更换一次。

2.5.2 检查流量

检查和校准空气流量参见2.4节“校准”中的详细说明。检查和校准空气流量，用户需要配备一个标准流量计，通常建议每两周进行一次气流检查。如果流量测定值和标准仪器值的偏差不超过±5%，则无须进行重新校准。

2.5.3　温度传感器

碳黑监测仪包含三个温度传感器，它们分别是环境温度传感器T1，滤膜上方的检测头温度传感器T2和测量限流孔前真空室温度的系统传感器T3。温度传感器的量程是-30~70 ℃，碳黑监测仪的操作温度是-20~50 ℃。

通常建议每两周进行一次气流检查，如果气流检查误差显著（>7%），则误差可能由某个温度传感器导致。温度传感器的核查每季度进行一次，除了年度常规校准，如果温度传感器测量值与标准仪器值相差大于±2℃，须进行校准。

2.5.4　压力传感器

碳黑监测仪包含三个压力传感器。它们分别是限流孔传感器P1、真空泵传感器P2，和大气压力传感器P3。P1测量通过流孔的压力变化，用于对流速进行校准；P2测量过滤条下相对于大气压的真空度；P3直接测量大气压力。

通常建议每两周进行一次气流检查，如果气流检查误差显著（>7%），则误差可能是由某个压力传感器导致的（最有可能的是P3压力传感器）。压力传感器的核查应该每季度进行一次，除了年度常规校准，如果P3传感器测量值与标准仪器相差大于±10 mmHg，须进行校准。

2.5.5　光学室

仪器光学器件保持干净状态时可获得最佳检测结果，除非发生了异常的沙尘暴污染，并明显地影响后续测量，否则光学室每年清洗一次。

2.5.6　进样口组件

进样口组件包括一个采样管连接头、采样管、粒径选择进样口（旋风分离或撞击式进样口）、PM_{10}进样口。

2.5.6.1　$PM_{2.5}$撞击式进样口的清理和检查

碳黑监测仪用来检测$PM_{2.5}$时，至少每周清洗撞击式进样口一次。清理$PM_{2.5}$进样口时，首先分离上、下部分，用实验室无尘的吸水纸或布擦拭上、下撞击井，在下撞击井中放置新的滤膜，并加入1±0.1 mL专用硅油。硅油均匀涂抹滤膜，重新组装撞击式进样口。可以准备几个备用撞击井存放在干净无颗粒污染的容器中，每次清理进样口前先将滤膜安装好，直接进行更换，这样可以节省时间。

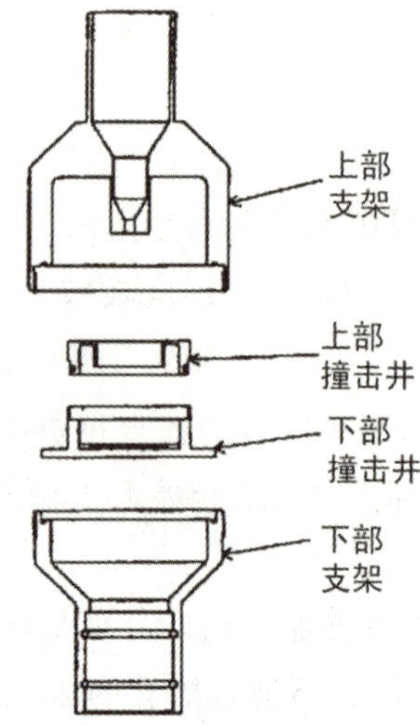

图2.13　$PM_{2.5}$撞击式进样口分解图

每月一次，拆开撞击式进样口，检查装填机撞击式进样口上、下支架和撞击井，确保这些区域洁净干燥，清洁撞击盘上的气流孔表面，检查O形圈是否有变形、开裂、磨损等问题，并在必要时更换。

2.5.6.2　旋风分离器维护

如果$PM_{2.5}$进样时使用旋风分离器（图2.14），每2~3周应当将集尘罐旋开，清理里面沉积的杂物。每隔3个月，检查和清理旋风分离器（SCC）整体，检查O形圈是否有变形、开裂、磨损等问题，并在必要时更换。

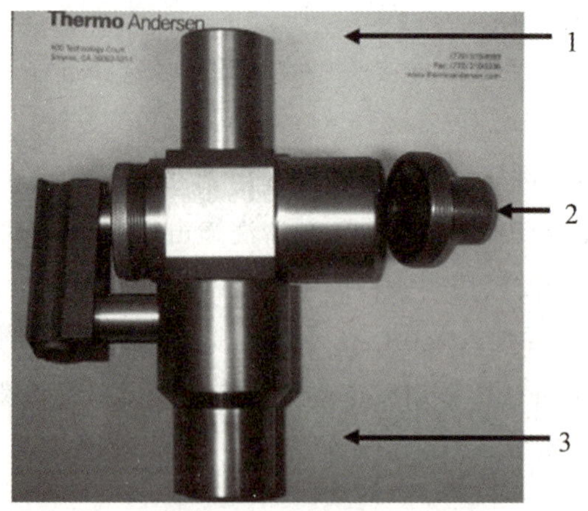

图2.14　$PM_{2.5}$旋风分离器

1—进气口；2—集尘罐；3—出气口

2.5.6.3 PM_{10}进样口

位于进样口的水汽收集瓶(图2.15)每隔10天应当检查一次,倒出积水和杂物(干燥地区没有积水,可适当延长检查周期),清理瓶子内部,检查密封性,并重新固定。

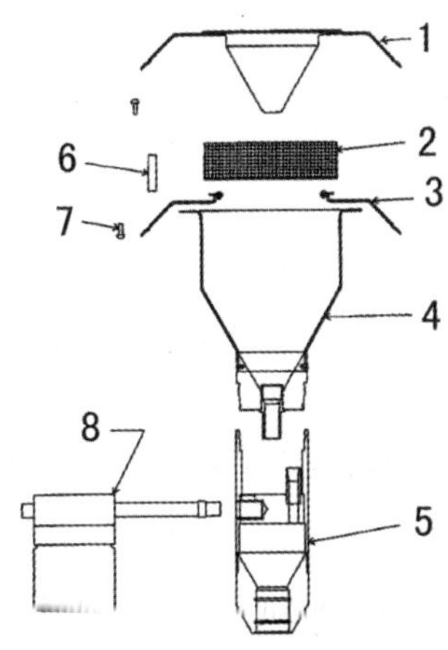

图2.15 PM_{10}进样口

1—顶板和变流锥体;2—网筛;3—底板;4—加速部件;5—收集部件;6—连接螺母;7—螺丝;8—除水瓶

每月一次,拆开进样口并将其清理干净,拆开时用记号笔或铅笔标记,以便重新组装。参照图2.15拆卸进样口单元,如果螺丝被冻住,涂上少量油或润滑剂可使其便于移除。用清洁剂或压缩空气清理所有内表面和防虫网筛,特别要注意细小的开口和缝隙,可用棉签或小刷子作为辅助工具,所有器件都必须彻底干燥。

同样地,每月一次,检查O形圈是否有变形、开裂、磨损或其他问题,并在必要时更换。在组装各单元时在O形圈上涂抹少许油脂。根据之前标记的记号重新组装各单元。特别注意要确认所有O形圈放置正确,所有螺丝都拧紧。

2.6 故障排除

碳黑监测仪是很少出现故障的,一旦出现问题或故障,本节可以帮助区分这些故障,表2.1列出了仪器部分故障和排除方法。

表 2.1 故障排除指南

故障	可能原因	措施
无法启动	未接电源	检查仪器和泵是否接到合适的电源(100/120 V或220/240 V),检查仪器保险丝
	供电故障	检查电源电压
	电子设备故障	检查电路板是否正确就位,用备用电路板逐一替换旧板以区分问题所在
无法修改参数	键盘未激活	通过菜单激活键盘
无法自动换膜	卷轴螺母未拧紧	拧紧卷轴螺母
	滤膜用完	更换新的滤膜
	滤膜未粘牢	再次把滤膜粘在接收轴上,并将它缠紧
	滤膜计数器故障	更换滤膜传送传感器
	滤膜马达故障	更换马达
透射率升高	透射率传感器连线故障	检查该传感器的连线情况
	透射率传感器故障	更换传感器
后散射传感器无法工作	传感器连线松动	检查该传感器的连线
发光二极管不发光	发光二极管连线故障	检查发光二极管的连线情况
	发光二极管故障	更换发光二极管
压力传感器无法校准或有噪音	压力传感器故障	更换压力传感器
温度传感器故障	传感器的连线松动或损坏,或者传感器损坏	修理连接线或更换传感器
输出信号有噪音	记录仪有噪音	更换或修理记录仪、连线
	黑碳气溶胶样品浓度波动	用干净过滤片测试,如果无噪音则无故障
	外来物质污染光学平台	清洗光学平台
	数字电子设备故障	用备用电路板替换旧板
分析器无法完成校准	系统有漏气	找到泄露点并修复
	压力/温度传感器未校准	校准压力或温度传感器
	数字电子设备故障	用备用电路板替换旧电路板,区分问题所在
模拟测试偏移	记录仪出现错误	更换记录仪
	Span输出开启	关闭Span
	数字式电路板故障	用备用板代替旧电路板
无显示	对比度设定错误	调整仪表板上的电位计
	液晶显示器连线松动	检查连接和线缆
	液晶显示器故障	更换液晶显示器

2.7　维修

2.7.1　安全措施

静电的释放可能会损坏仪器内部的一些元器件。因此,为避免损坏内部元件,在维护仪器时要遵守下列预防措施:

* 戴上正确接地的防静电腕带;
* 如果没有防静电腕带,确定在接触任何内部元件前接触一块接地的金属;
* 拿电路板时应接触边缘;
* 每个步骤都遵守说明。

2.7.2　更换滤膜

滤膜卷上的滤膜用完后,应该更换滤膜。滤膜通常每年更换一次,但是这也取决于用户对操作参数的设定和滤膜负载量的不同。在高浓度区域,由于负载量大,需要更频繁地更换滤膜。通常每卷约40 m的滤膜可完成约800~900次测量。更换过程详见2.2节“仪器安装及结构”。

2.7.3　更换碳刷

碳刷的更换必须在户外进行,否则黑碳颗粒排入空气,可能损坏电子设备。更换前必须关闭真空泵并确保它不会意外启动。

更换碳刷前,需要拿掉消音器机壳、消音器膜片、定距环和气缸盖(图2.16)。用通气管从碳刷中吹出碳颗粒,注意避免吸入碳颗粒。可以使用颗粒过滤器或口罩。

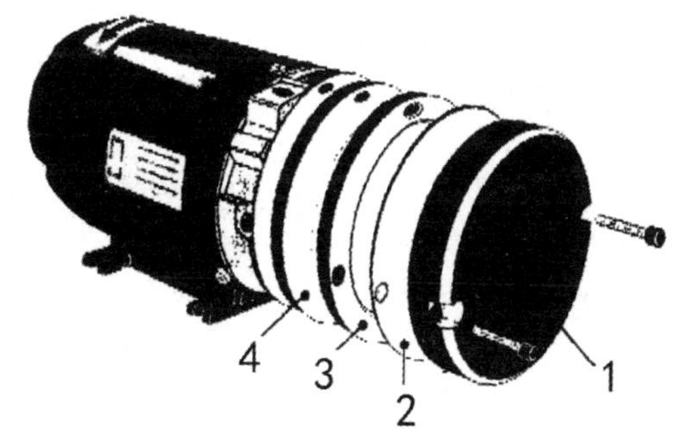

图2.16　泵部件位置

1—消音器机壳;2—消音器膜片;3—定距环;4—气缸盖

安装新碳刷时，请确定有斜面的一侧向外（图2.17），碳刷安装完成后，重新组装所有零件。

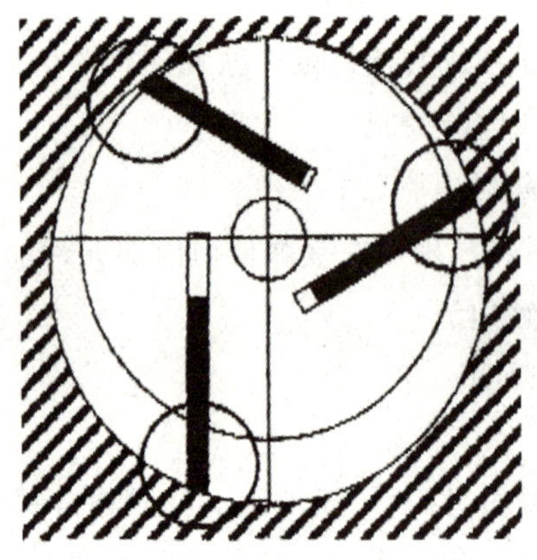

图2.17 碳质叶轮安装

第三章　三波段积分浊度仪

三波段积分浊度仪(TSI-3563,以下简称TSI浊度仪,见图3.1)可同时连续、稳定地测量450 nm、550 nm和700 nm波段(又称蓝、绿和红光波段)的总散射系数和后向散射系数,用来研究气溶胶粒子对气候变化的直接辐射强迫作用,近地面或机载来研究空气散射特性。TSI浊度仪也可以作为一个探测器用来研究预处理过的气溶胶颗粒物的散射系数,如加热、加湿或者是分离不同粒径的气溶胶等。

图3.1　TSI-3563浊度仪

3.1　测量原理

光散射系数是一个高度变化的气溶胶特征量,TSI浊度仪用比尔-朗伯定律来计算消光系数。比尔-朗伯定律公式如下:

$$I/I_0=e^{(-\sigma x)} \tag{3.1}$$

式中:

I_0——入射光强;

I——通过一定大气介质后的光强；

x——光通过介质的厚度；

σ——总的消光系数(散射系数+消光系数)。

仪器主要包括光学测量室、光学接收系统、光源系统、进气和排气系统等(图3.2)。光学测量室(简称“光室”)是内壁涂黑的铝制圆管,直径为10 cm,长度为90 cm。光室的一端是光学接收系统,用来接收和处理光学信号;另一端是光阱,用来提供暗背景测量。后向散射挡板会定期旋转,遮挡90°以下的光,得到总散射(7°~170°)和半球的后向散射(90°~ 170°)。75 W的卤素灯透过凸面发散玻璃为仪器提供朗博光源,仪器出气口自带的排气泵驱动采样气体流经仪器光室,样本气体被卤素灯光源照射,散射光被三个光电倍增管(PMT)测量。仪器正常观测时,采样气体通过进气口直接进入仪器光室;仪器检测和校准时,自动阀门旋转关闭,气体经过高效微粒空气过滤器(简称“HEPA过滤器”)进入仪器光室。

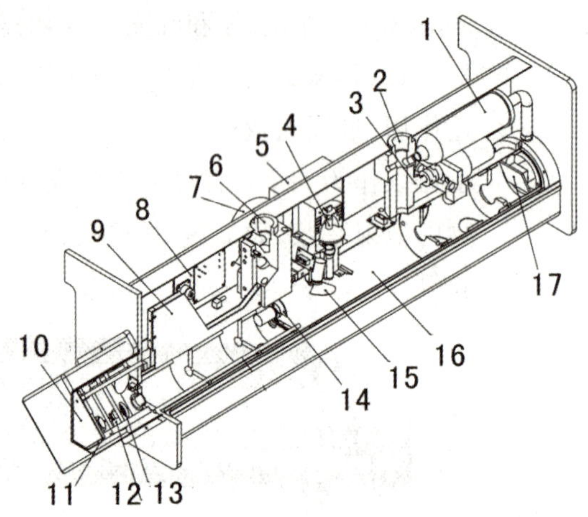

图3.2 TSI浊度仪横截面

1—HEPA过滤器;2—进气口;3—自动阀门;4—卤素灯;5—风扇;6—排气口;7—排气泵;8—输入/输出面板;9—仪器主板;10—光电倍增管电路板;11—光电倍增管;12—双向色滤光镜;13—滤光片;14—参照挡光板;15—后向散射挡板;16—测量光室;17—光阱

3.2 硬件安装

3.2.1 连接电源

用仪器自带电源线将电源模块(图3.3)与85~260 V(50~60 Hz)的交流电相连。电源模块自动转换电压,供给仪器使用。

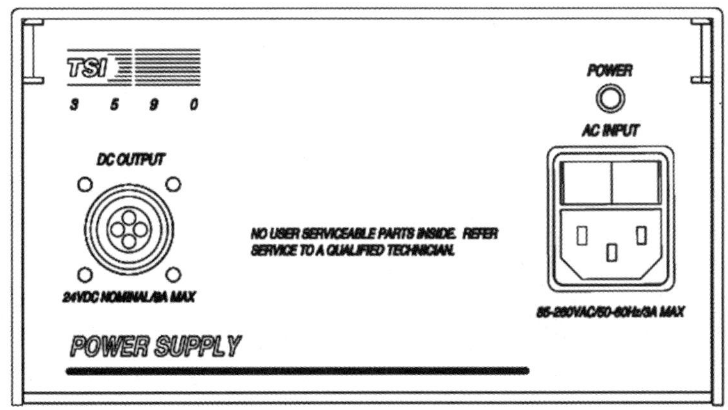

图 3.3　TSI 浊度仪电源模块

电缆线长 4 m，两头是四极快速插头。在电缆线连接之前，首先确保电源模块处于关闭状态，电缆线一头连接仪器，一头连接电源模块。电源模块安放位置要确保有散热口的一边没有阻挡。

3.2.2　连接电脑

用仪器自带的串行端口线将仪器 COM 端口（图 3.4）和电脑 COM 端口连接在一起，一般提供的数据线为 4 m，如果不够，可自用 9 针的串口线延长。

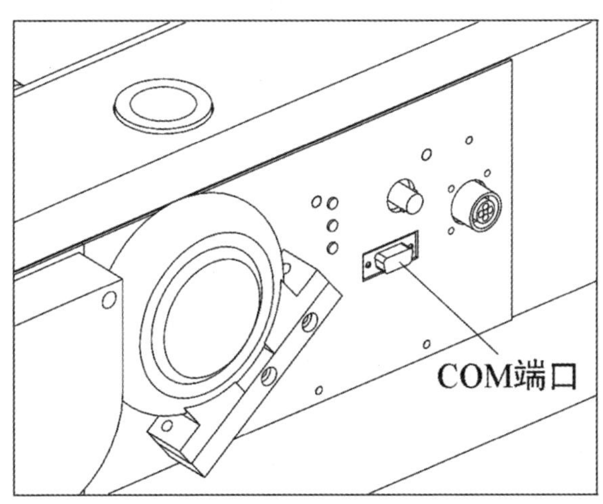

图 3.4　TSI 浊度仪 COM 端口

3.2.3　安装仪器

根据研究和观测的需要，仪器可在各种地点进行安装。通常情况下仪器是平躺放置的（图 3.5），但根据实际观测经验，最好的安装方法是垂直放置，也就是 PMT 在上，光阱在下（图 3.6）。

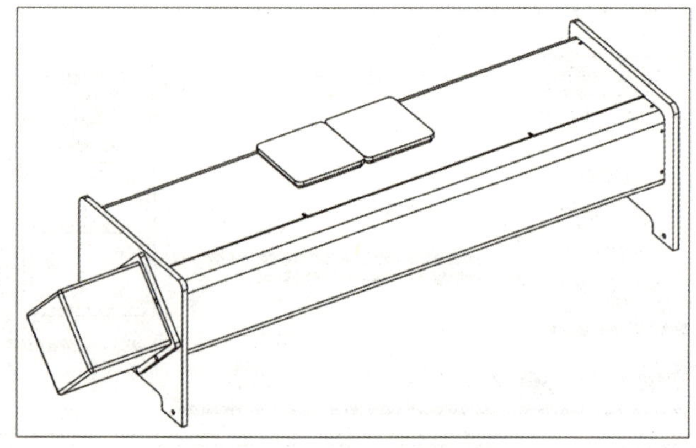

图 3.5　TSI浊度仪平躺放置

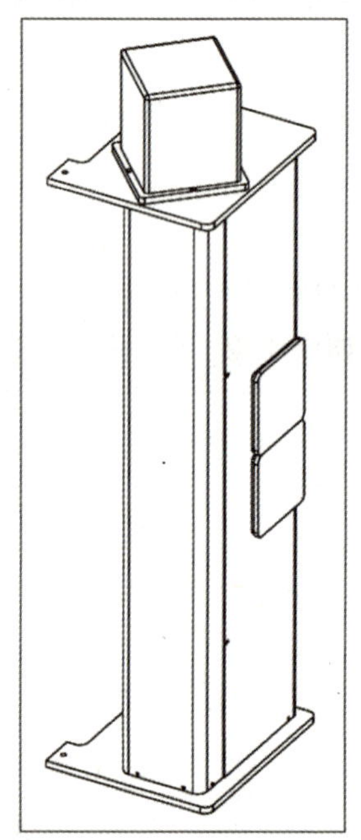

图 3.6　TSI浊度仪垂直放置

TSI浊度仪的安装位置必须有足够的空间来摆放电源模块和电脑,保证线路和进气、排气管路安装顺畅。在仪器进气口安装切割头或阻虫网,防止飞虫或大的杂物进入仪器。如果观测环境相对湿度大于70%,还需要在进气管加装干燥管,保证仪器的正常运行。仪器运行对环境温度也有要求,在寒冷或者高温环境下,仪器运行都会出现问题,所以仪器安装空间必须有空调设备,能控制温度在20~25 ℃之间。

3.2.4　连接外置泵

TSI浊度仪可以用一个外置真空泵替代仪器自带的排气泵来运行，外置真空泵必须能控制流量且流量恒定，具体更换步骤如下：

(1)拆掉仪器外壳(参照3.6.2节)；

(2)拔掉排气泵的电源线；

(3)拧掉自带泵支架的螺丝，向外慢慢拔出排气泵；

(4)安装排气辅助接头，接头两个管刚好插入排气泵拆掉后露出的两个孔(图3.7)；

(5)压紧辅助接头，安装外置真空泵。

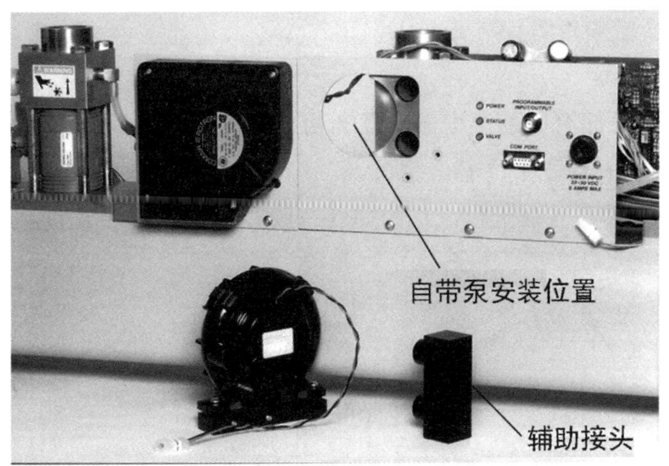

图3.7　TSI浊度仪更换外置泵

3.3　操作综述

3.3.1　通信连接

电脑通过COM端口线控制TSI浊度仪，数据也是通过COM端口线下载到电脑的。

3.3.2　仪器硬件

这里仅选取仪器的部分硬件进行简要介绍。

● 电源

TSI浊度仪的电路可以自检，在电源断路或损坏发生时，仪器的电路可以自动重启。仪器参数存储在电池驱动的仪器内存中，重新启动时不需要重新设置。

● 光源

光源灯是75 W的卤素灯，寿命大约2000 h。在一些特殊情况下，例如航空测量中，需要仪器的快速测量和高灵敏度，可以增大光源功率到90 W，这样可以提高灵敏度，但会缩短灯的使用寿命。

● 光电倍增管(PMT)

TSI浊度仪的PMT将光散射光子转换成电子脉冲信号，这样可以用仪器内部的电子器件进行计数，PMT一般需要校准维护。

● 加热干燥管

如果TSI浊度仪运行空间安装有空调，采集的样气温度较高、湿度较大，用加热干燥管可防止水汽冷凝。通常情况下，TSI浊度仪内部会产生足够的热量来保持样气温度等于或高于进气口温度，但是一旦样气温度低于进气口温度，水汽将会发生冷凝，这样会影响到测量结果。

● 温湿感应器

TSI浊度仪内部有一个湿度感应器和两个温度感应器(图3.8)，湿度感应器和其中一个温度感应器位于仪器出气口，另一个温度感应器位于进气口。出气口的温度感应器的安装位置靠近出气口的样气，可用来表示样气的温度。

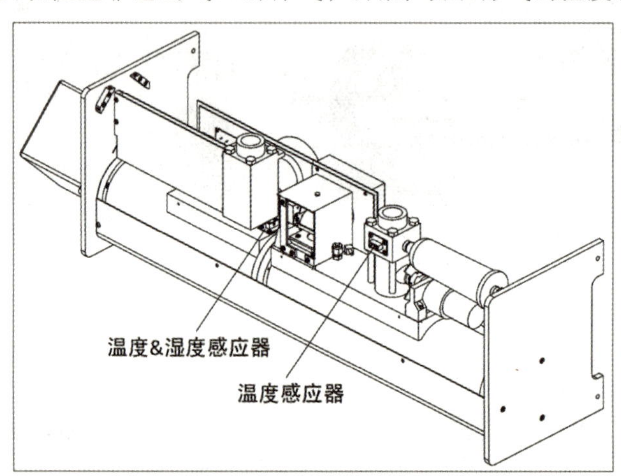

图3.8 TSI浊度仪温度和湿度感应器

3.3.3 设置参数

这里主要介绍TSI浊度仪在接收数据之前应该注意的一些事项。

3.3.3.1 操作参数

TSI浊度仪的所有参数都可以通过COM端口线来进行设置，大多数参数都可以通过电脑和DOS命令来进行调整，所有的参数都可以通过软件或者超级终端命令来调整。

● 灵敏度

气溶胶的散射系数是TSI浊度仪的主要观测量。气溶胶散射系数是总散射系数减去气体的散射系数(瑞利散射)和仪器的背景值,单位是米的倒数(m^{-1})。仪器灵敏度与很多因素有关,大部分在仪器设计时已经充分考虑,其中采样平均时间和光源灯强度是两个最主要的影响因素。

● 后向散射测量

TSI浊度仪配备有后向散射的快门,在电机的驱动下,快门随着遮挡板在后向散射模式和总散射模式下同步运行。在后向散射模式下,TSI浊度仪用一半的时间测量总散射,一半的时间测量后向散射,这时测量灵敏度降到原来的0.7,主要是因为测量时间减少了一半。由于这个原因,观测实验中只有在需要后向散射测量的时候才使用后向散射模式。

● 零值基准测量

在某些时候,气溶胶散射和空气散射以及仪器背景值比起来比较小,仪器的温度和压力感应器可以修正空气散射系数及其密度的变化,但这些修正无法剔除仪器背景散射值,背景值随着仪器变脏或污染会变得更大。

仪器内部有高效粒子过滤器(HEPA),电磁阀可以控制样气通过进气口的HEPA进入仪器光室,这时测量的值即为仪器的背景值。经过过滤的干净空气连续测量几分钟获得的值即为零值基准测量值。

● 自动零值测量模式

零值基准测量可以通过设置仪器的自动零值测量模式来实现,包括手动、正常和空气转换模式。

手动模式:在通信端口输入命令"Z"才会进行零值测量。

正常模式:TSI浊度仪以固定的频率进行自动零值测量。

空气转换模式:和正常模式相同,但是零值基准线是经过两次以上的零值测量得到的,这种模式适用于比较干净的环境。

3.3.3.2 时间参数

● 平均时间

时间参数中最重要的是采样平均时间。平均值时间可以通过软件或者STA命令设置为1~9999 s的任意值。较长的平均时间可以增加仪器的灵敏度,但是会缩短仪器的响应时间。灵敏度的增加是采样时间增加的平方根,因此四倍的采样时间可以增加两倍的采样灵敏度。通常情况下,平均时间<30 s主要用于某些有目

的,或者数据可以进行后期再处理时的测量。

● 零值时间

零值时间是设置TSI浊度仪进行零值基准测量的时间,设置范围也为1~9999 s,通常情况是300 s,零值时间应不小于采样平均时间。

● 自动零值周期

自动零值周期是设定仪器进行自动零值基准测量的时间,通常情况下设定的是3600 s,但是在实际观测中,这样高频率的零值基准测量太频繁。因此,常将这个周期设定为24 h,或者设定为手动进行,根据观测环境变化手动完成零值基准测量。

● 间隔时间

在零值基准测量前有一段空白时间叫作间隔时间。在这段时间里,高效过滤器阀门启动,进入仪器的气体由样气转换为干净空气,仪器在这段时间内采集的数据无效。通常情况下,间隔时间设置的是30 s,也可根据流量和过滤净化效率来延长间隔时间。

3.3.3.3 通信

TSI浊度仪有两种通信方式:连接模式和断开模式,两种方式各有利弊。在连接模式下,仪器只有在收到计算机或者超级终端的命令后才会有响应(TSI浊度仪软件用的就是连接模式);在断开模式下,仪器会以固定的时间自动发送数据。

仪器记录数据每秒都在进行,在每个平均时间周期内更新数据的平均值,电脑和仪器之间也在实时通信。为了减轻电脑的运行量,TSI浊度仪可使用断开模式,仪器每隔一段时间会自动和电脑进行通信。在断开模式下记录数据,要消耗比较长的时间,但是可以获得更多、更详细的数据资料,这样在后期处理数据时就具有更大的灵活性,可以将短时间的数据平均到更长的时间,这对航空观测比较有利。在地面长期观测中可选择长时间的平均值数据,从而减少仪器的数据量。

3.4 数据下载软件

TSI浊度仪数据下载软件可以连续获取和记录仪器长时间运行的数据,兼容的是Windows系统,有如下功能:

* 读取和显示实时数据和仪器状态;
* 以二进制记录数据;
* 可每天或每周关闭数据文件,同时打开新的文件,从而避免单个文件过大。

3.4.1 安装软件

数据下载软件具体安装步骤如下：

(1)关闭电脑桌面所有程序和应用软件。

(2)电脑处于运行状态时，在光驱中放入TSI浊度仪CD安装盘，CD盘自动运行：

* 如果CD盘可以自动运行，那么安装程序会自动打开，软件安装界面就会在电脑桌面上显示出来(图3.9)；

* 如果CD盘无法自动运行，打开光盘内容，找到并双击"autorun.exe"即可。

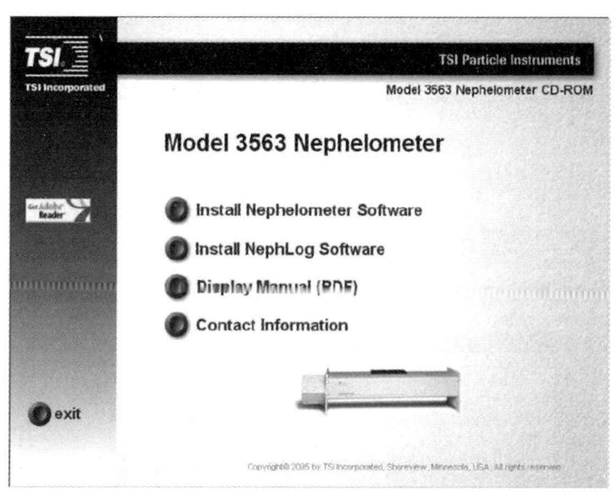

图3.9 软件安装界面

(3)点击"Install NephLog Software"，按照说明运行安装程序，当安装完成后，屏幕会出现提示"readme.htm"的窗口，可以选择读取或者以后读取。

(4)程序安装完成，退出CD光盘并安全保存。

安装程序会在电脑里生成一个文件夹(前提是默认安装)，路径和文件名称为"Program Files/TSI/NephLog"，这个文件夹包含必要的程序文件和样本数据文件。安装完成后在电脑开始菜单中新增加"TSI"的项目，电脑桌面上也会出现相应软件图标。

3.4.2 设置说明

设置数据下载软件，具体操作如下：

(1)打开仪器；

(2)连接电脑和仪器之间的通信线路；

(3)点击桌面上的仪器下载软件图标，会显示图3.10的窗口；

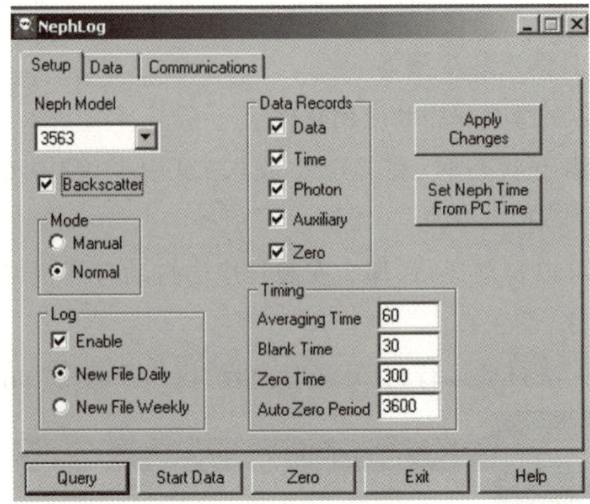

3.10 数据下载程序设置窗口

(4)点击“Communications”,显示图3.11的窗口;

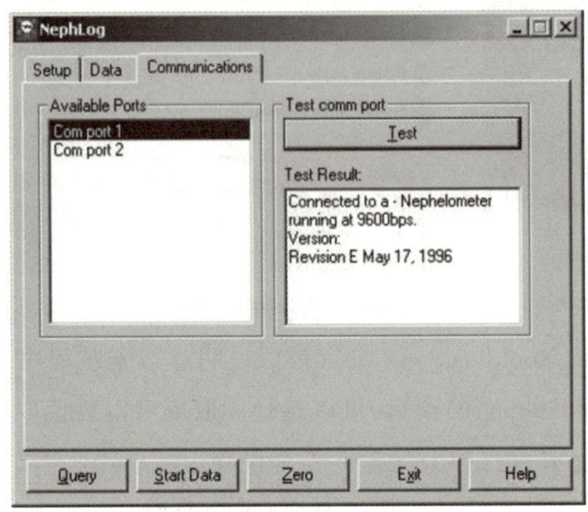

3.11 数据下载软件设置通信界面

(5)在“Available Ports”下选择一个COM端口,点击“Test”键,如果端口正确,“Test”下的窗口会显示图3.11中的内容,如果端口选择错误,则窗口会显示“The device is either unknown, not connected or not switched on”(设备无法识别、未连接或未打开);

(6)COM端口选择完成后,点击“Setup”键,设置窗口选项内容就会生效(图3.11);

(7)点击“Query”键,设置窗口的选项内容会显示目前浊度仪的设置;

(8)如果有需要,可对设置窗口中的选项进行设置,选项具体描述如表3.1;

表3.1 数据下载软件设置窗口选项

选项		描述
Neph Model		仪器型号，这里选择3563型号
Mode	Normal	根据自动零点周期定期进行零点测量
	Manual	手动进行零点测量
Log	Enable	下载所有数据在一个文件
	New File Daily	每天晚上0点，创建一个新文件
	New File Weekly	每周日晚上0点，创建一个新文件
Data Records	Data	接收散射系数
	Time	接收仪器目前的时间
	Photon	接收光计数数据
	Auxiliary	接收仪器的状态数据
	Zero	接收在零点模式的背景散射值
Timing	Averaging Time	数据采样平均时间，默认值为60 s
	Blank Time	间隔时间，默认值为30 s
	Zero Time	零点基准测量时长，默认值为300 s
	Auto Zero Period	自动零点基准测量周期，默认值为3600 s

(9)点击“Set Neph Time From PC Time”，同步电脑和仪器的时间；

(10)点击“Apply Changes”，保存更改的参数设置；

(11)点击“Data”选项，然后点击“Start Data”按钮，出现图3.12的窗口；

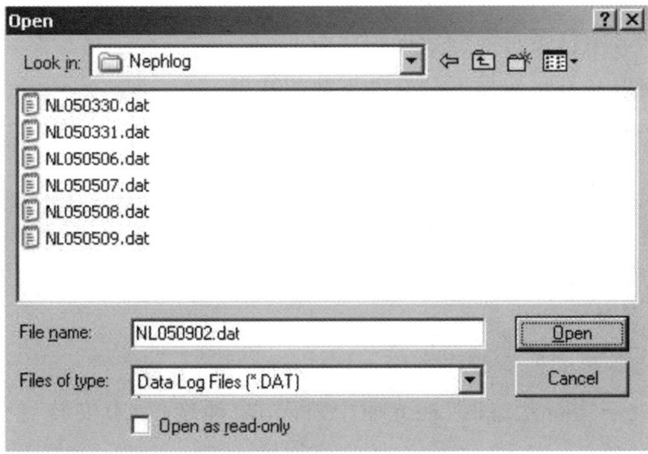

图3.12 打开数据文件窗口

(12)选择数据保存路径，命名数据文件。

数据开始采集，仪器的数据会在图3.13窗口的数据方框中显示，要停止数据采集，点击“Data Stop”即可。

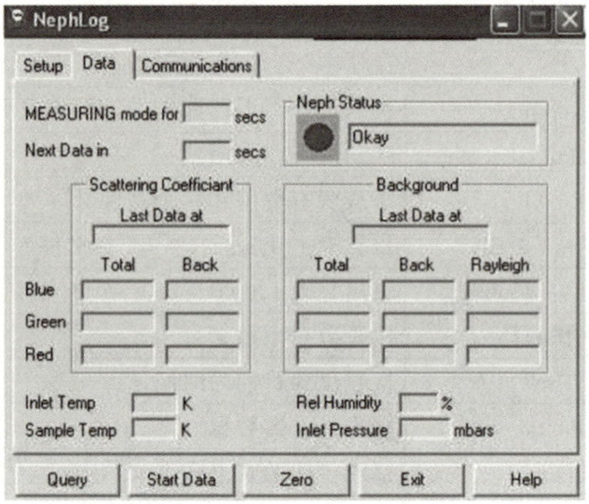

图 3.13　数据显示选项窗口

3.5　仪器软件

TSI浊度仪软件是基于计算机应用设计的软件，用来获取和显示通过数据下载软件采集的数据，也可以用来记录短期的数据（小于24 h）。一般不建议使用这个软件来下载数据（软件运行在零点的时候可能停止采集数据）。对于长时间的运行仪器，建议使用TSI数据下载软件来记录下载数据。仪器软件可以以不同的形式来显示数据和绘图，例如曲线图和统计表等。主要有如下功能：

* 下载和显示仪器目前的数据和状态；
* 重新获取和显示数据下载软件下载的数据；
* 读取和设置仪器参数；
* 执行仪器校准和零点基准检测的设置；
* 以列表和图表的形式打印数据。

3.5.1　安装软件

仪器软件具体安装步骤如下：

（1）关闭电脑桌面所有程序和应用软件；

（2）电脑处于运行状态时，在光驱中放入TSI浊度仪CD安装盘，CD盘自动运行；

（3）点击“Install Nephlometer Software”，按照说明运行安装程序，当安装完成后，屏幕会出现提示“Readme.htm”的窗口，可以选择读取或者以后读取；

（4）安装程序完成，退出CD光盘并安全保存。

安装程序会在电脑中生成一个文件夹(前提是默认安装),路径和文件名称为"Program Files/TSI/NephLog",这个文件夹包含有必要的程序文件和样本数据文件。

3.5.2　快速启动

这里主要介绍TSI浊度仪软件的基本操作,主要包括如下内容:

* 确认仪器的COM端口;
* 采集数据;
* 查看已经下载的数据和仪器状态;
* 暂停和重启仪器数据下载;
* 打印下载数据的图表;
* 手动零点基准测量。

在程序启动之前,首先必须确认仪器开机,通信连接正常。双击桌面图标,打开软件,显示如图3.14的界面。

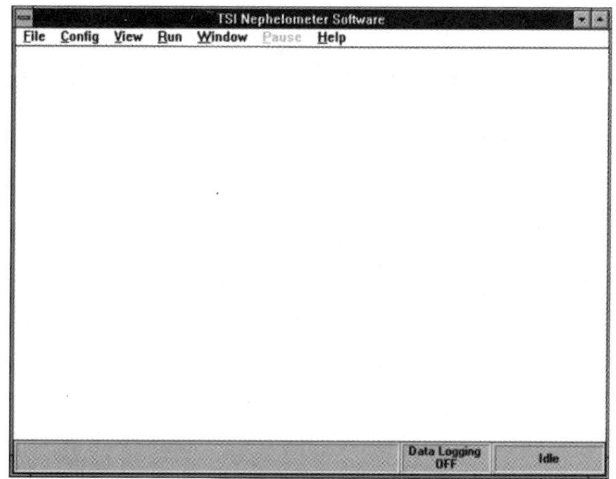

图3.14　TSI浊度仪软件主要界面

第一步:确认COM端口。

在"Config"菜单中选择"Com Port",出现图3.15的窗口,选择正确的通信端口,点击"OK"即可。

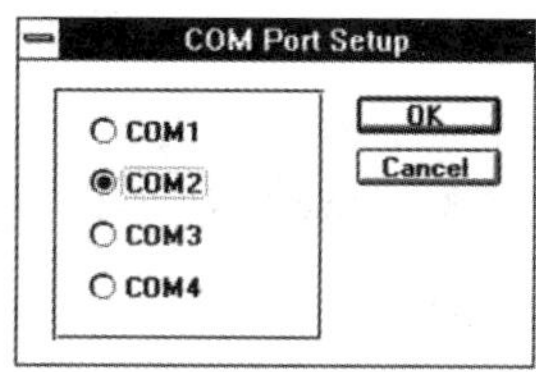

图3.15　COM端口设置界面

第二步:开始数据采集。

要开始数据采集,首先必须建立下载文件,主要步骤如下:

(1)在“File”菜单中选择“Log Data”,出现下载数据设置窗口,输入“Onetest.dat”并点击“OK”,窗口的右下角会显示内容,表明数据将会被记录在“Onetest.dat”文件中;

(2)在“Run”菜单中选择“Data Collection”,立即弹出四个窗口并且均处于最小化状态,如图3.16所示,同时数据开始下载。

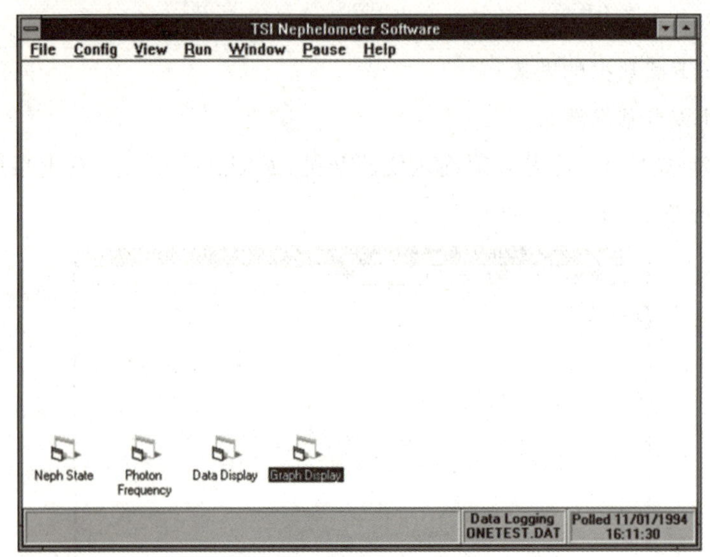

图3.16 运行菜单中选择数据下载界面

下载界面窗口中出现的四个图标分别表示可视化的数据、图表、光子频率和仪器状态命令。如果程序弹出消息提示不能连接仪器,可能就是COM端口选择错误,确认通信线路正常,再重新操作第一步选择COM端口。

第三步:查看数据和仪器状态。

按照以下步骤查看仪器数据和仪器运行状态:

(1)双击“Data Display”图标,显示如图3.17的数据显示界面,这个界面可以查看正在下载的数据。在这个界面数据以每秒1次的频率更新,按照设定的平均时间记录到文件夹中。如果界面超过60 s没有数据更新显示,就需要检查仪器或者通信的运行状况。

Data Display
Data Record
Current Mode:
Blank Period
Total/Backscatter
Time Remaining:
24
Scattering Coefficient
Total Scatter
Back Scatter
Blue
2.57000E-5
1.25600E-5
Green
1.26400E-5
6.17500E-6
Red
6.31100E-6
4.03200E-6
Status Record
Pressure (MB)
969.2
Sample Temp. (K)
299.5
Inlet Temp. (K)
297
Rel. Humidity (%)
29.8
Lamp Voltage
12.8
Lamp Current
5.9
BNC Input Voltage
18

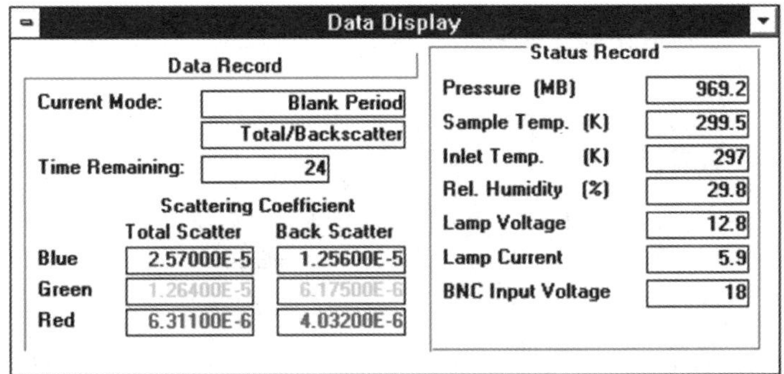

图 3.17　数据显示界面

(2)双击"Neph State"图标,显示如图3.18的仪器运行状态界面,这个界面显示仪器各个部件的状态,如果状态正常会用"√"表示,出现错误会用"×"表示。

Neph State
Lamp
Valve
Chopper
Shutter
Heater
Pressure
Sample Temp.
Inlet Temp.
Rel. Humidity
Normal
Fault

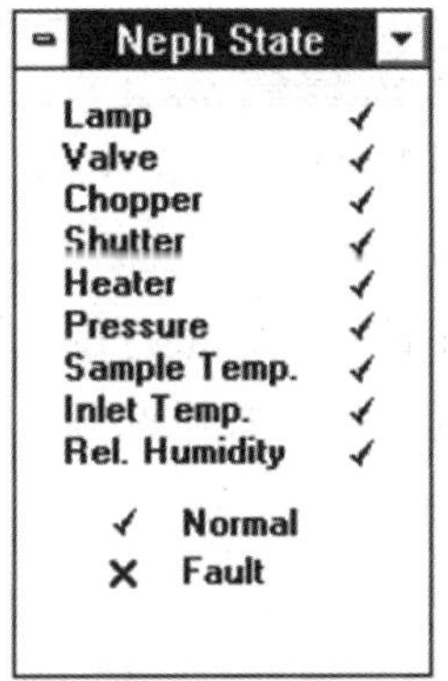

图 3.18　仪器运行状态界面

(3)双击"Photon Frequency",显示如图3.19的光子频率界面,这个界面显示各个波段的光子频率。

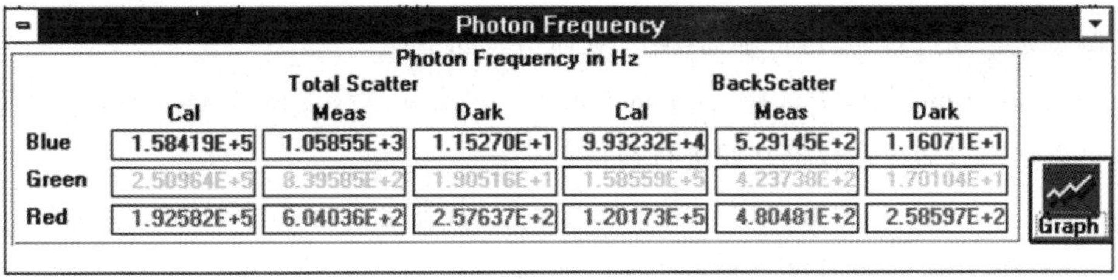

Photon Frequency
Photon Frequency in Hz
Total Scatter
BackScatter
Cal
Meas
Dark
Cal
Meas
Dark
Blue
1.58419E+5
1.05855E+3
1.15270E+1
9.93232E+4
5.29145E+2
1.16071E+1
Green
2.50964E+5
8.39585E+2
1.90516E+1
1.58559E+5
4.23738E+2
1.70104E+1
Red
1.92582E+5
6.04036E+2
2.57637E+2
1.20173E+5
4.80481E+2
2.58597E+2
Graph

图 3.19　仪器光子频率界面

(4)双击"Graph Display",显示如图3.20的图表显示界面,曲线更新到目前时刻。

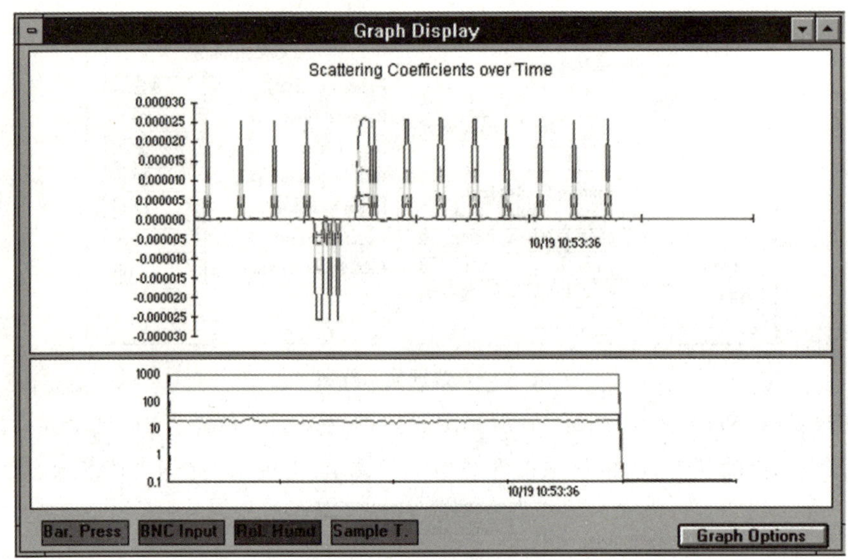

图 3.20 图表显示界面

第四步:打印图表。

有两种方式可以打印图表:可以在"File"菜单中选择"Print"或者"Print Screen"。需要注意的是,打印前首先要暂停数据下载。

在使用打印屏幕(Print Screen)功能前,必须点击"Print Screen"键获取目前屏幕截图到剪贴板。打印屏幕打印的是电脑的整个屏幕,适用于快速打印或者数据抓拍。软件的打印(Print)功能是可选择性打印,可只打印一个散射数据或者打印全部数据,并且能输入文件头。

第五步:零点基准(背景)测量。

零点基准测量是非常重要的,可以剔除掉仪器的背景值。通常情况下,零点基准测量是自动进行的,也可手动操作,具体步骤如下:

(1)在"Run"菜单中选择"Terminal Mode",将会显示终端窗口(图 3.21),这个窗口可以用串口命令和仪器之间进行通信;

(2)在终端窗口中输入"Z",按下"Enter"键,仪器会开始进行零点基准测量;

(3)在"Run"菜单中再次选择"Terminal Mode",关闭终端显示窗口;

(4)在数据显示窗口(图 3.17)的右下角会显示数据倒计时,刚开始显示的是间隔时间倒计时,之后是零点基准测量倒计时,当基准测量倒计时结束后,仪器开始正常测量。

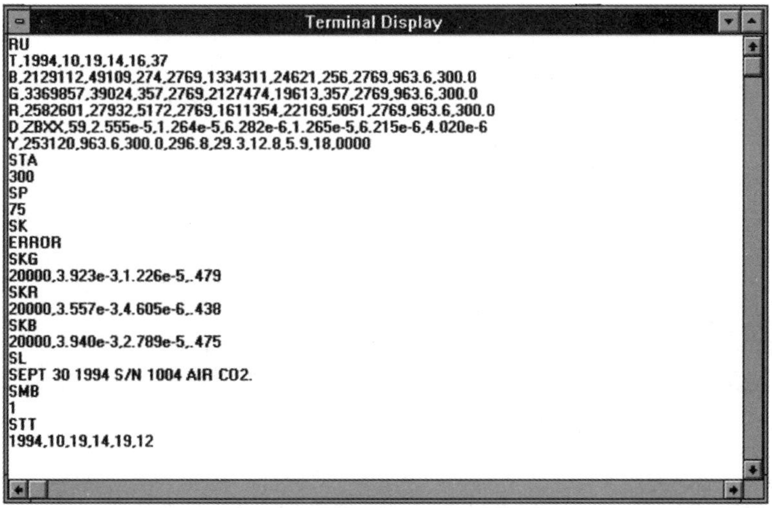

```
Terminal Display
RU
T,1994,10,19,14,16,37
B,2129112,49109,274,2769,1334311,24621,256,2769,963.6,300.0
G,3369857,39024,357,2769,2127474,19613,357,2769,963.6,300.0
R,2582601,27932,5172,2769,1611354,22169,5051,2769,963.6,300.0
D,ZBXX,59,2.555e-5,1.264e-5,6.282e-6,1.265e-5,6.215e-6,4.020e-6
Y,253120,963.6,300.0,296.8,29.3,12.8,5.9,18,0000
STA
300
SP
75
SK
ERROR
SKG
20000,3.923e-3,1.226e-5,.479
SKR
20000,3.557e-3,4.605e-6,.438
SKB
20000,3.940e-3,2.789e-5,.475
SL
SEPT 30 1994 S/N 1004 AIR CO2.
SMB
1
STT
1994,10,19,14,19,12
```

图 3.21　仪器终端显示窗口

上面这些陈述并不是仪器软件的所有基本操作。表 3.2 中列出了大部分可能用到的操作，可帮助熟练仪器操作。

表 3.2　TSI 浊度仪基本操作

操作	步骤
下载数据并保存成文本	1.在“File”菜单选择“Log Data” 2.输入文件名称，点击“OK” 3.在“Run”菜单选择“Data Collection”
下载数据(不保存文本)	在“Run”菜单选择“Data Collection”
暂停/重新开始数据下载	在主菜单中选择“Pause”或“Resume”
查看仪器目前的原始数据	1.确认数据正在下载状态 2.双击“Data Display”按钮
查看仪器配置数据	在“View”菜单中选择“Neph Config Data”
查看仪器目前数据图表	1.确认数据正在下载状态 2.双击“Graph Display”按钮
查看文本中的数据	1.确认数据不在下载状态 2.在“File”菜单中选择“Open Log File” 3.输入文件名称，点击“OK”
查看文本数据的图表	1.确认数据不在下载状态 2.在“File”菜单中选择“Open Log File” 3.输入文件名称，点击“OK” 4.在“View”菜单中选择“Graph”

续表 3.2

操作	步骤
发送串行数据命令给仪器	1.在“Run”菜单中选择“Terminal Mode” 2.输入命令，按下“Enter”键
打印图表	1.查看图表 2.在“File”菜单中选择“Print” 3.选择“Info to Print”和“Header Message” 4.选择“Print”
打印屏幕显示	1.在键盘上按下“Print Screen”键 2.在“File”菜单中选择“Print Screen”
手动零点基准检测	1.确认数据不在下载状态或暂停状态 2.在“Run”菜单中选择“Terminal Mode” 3.输入“Z”，按下“Enter”键 4.管壁终端窗口 5.暂停数据下载
在线帮助	在“Help”菜单中选择“Contents”命令或者按下“F1”键
退出程序	1.确认数据在暂停状态 2.关闭所有状态 3.在“File”菜单中点击“Exit”
重新排列屏幕窗口按键	在“Window”菜单中选择“Cascade”“Tile”，或者“Arrange Icons”命令
选择通信COM端口	1.确认数据不在下载状态 2.在“Config”菜单中选择“Com Port” 3.选择通信端口，单击“OK”
设置仪器	1.在“Config”菜单中选择“Nephelometer” 2.设置参数，退出

3.5.3 零气测量

在TSI浊度仪运行之前，要对仪器进行零气测量。在测量之前首先要确保程序和仪器之间通信正常，数据能正常下载。具体步骤如下：

(1)在主菜单中点击暂停(“Pause”)按钮，暂停数据下载；

(2)在“Config”菜单中选择“Nephelometer”选项，显示图3.22的仪器参数窗口界面；

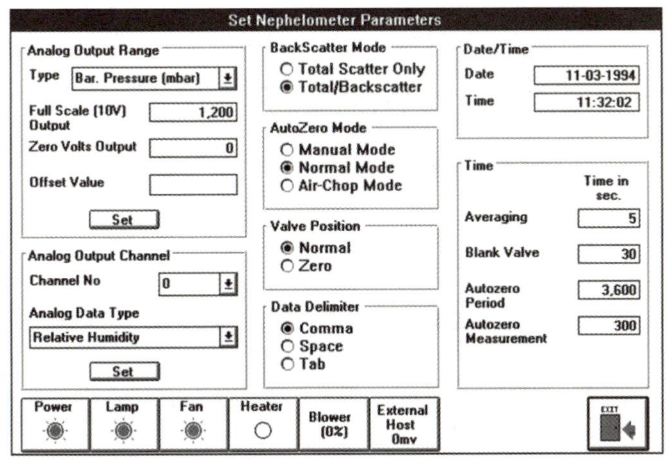

图3.22 仪器参数窗口界面

(3)调整"Value Position"参数到"Zero";

(4)点击"Exit"键退出;

(5)重新开始采集数据。

干净空气进入仪器,散射系数的值应该在0 Mm^{-1}附近稳定波动,这个值就是仪器的背景噪声值。如果零点测量值在±3 Mm^{-1}范围内波动,而平均值在±1.5 Mm^{-1}范围内,说明仪器零点检测正常,可以直接运行;如果超过这个范围,仪器就需要进行零点校准(零点基准测量)。

3.5.4 菜单和命令

仪器软件主要有七个菜单,分别是文件(File)、配置(Config)、查看(View)、运行(Run)、窗口(Window)、暂停/重启(Pause/Resume)和帮助(Help),下面对这些菜单逐一进行介绍。

3.5.4.1 文件菜单

文件菜单执行与文件有关的功能操作,主要包括如下操作内容:

● 打开数据文件(Open Log File Command)

在文件菜单中点击"Open Log File Command"选项,选择要打开的文件(图3.23);也可以在"Log Filename"框内输入文件名(包括路径和文件名)。文件是以".dat"为拓展名的。选择好后,点击"OK",数据文件就会打开。

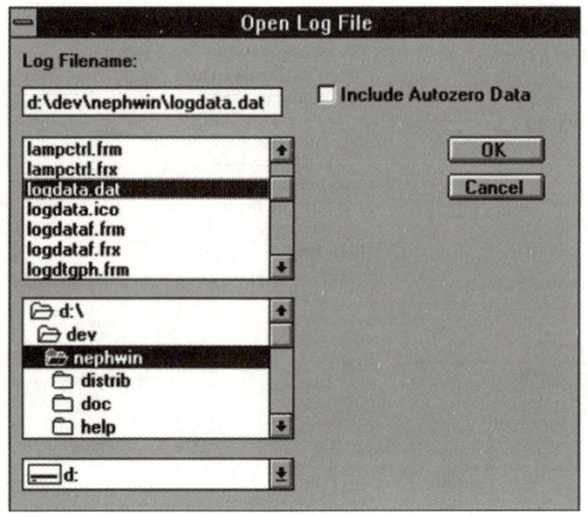

图 3.23　打开数据文件界面

如果零点基准测量数据和正常数据一样显示，那么就需要在“Include Autozero Data”前的方框内打钩。

● 下载数据(Log Data)

在文件菜单中点击“Log Data”选项，确定仪器数据文件保存位置(图 3.24)。文件名默认的是上一次的命名，也可以在文件名框内输入新的文件名(包括路径和文件名)，新的文件可以是已经存在的文件。在数据下载之前，必须用下载数据操作确定一个下载数据文件，如果没有的话，数据将不会被保存。选择好后，点击“OK”，主菜单界面右下角就会显示文件名。要停止数据下载，再次点击“Log Data”选项即可。

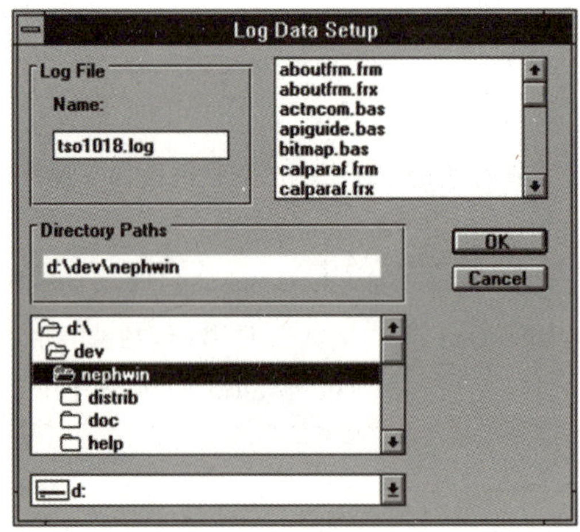

图 3.24　下载数据界面

● 打印(Print)

在文件菜单中点击“Print”选项,打印目前正在下载数据的图表,包括散射系数和仪器状态参数图表。打印的图表可以在“Header Message”框中加文件头(图3.25),时间和日期可自动地加在图表上。纸张以横向的形式打印。在打印前,必须确认数据下载处于暂停状态。图3.26是打印出的图表的例子,其上部是散射系数图表,下部是状态参数图表。

点击设置(“Setup”)按钮可以对图表的打印进行设置,通常情况不需要设置,但参数一旦改变,都会保存在程序中。

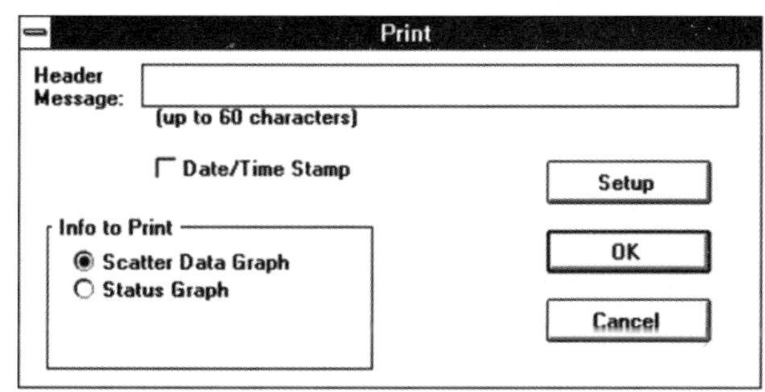

图3.25　打印界面

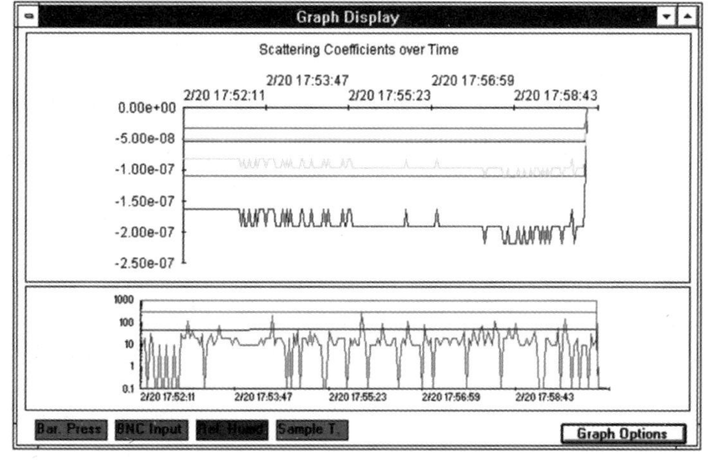

3.26　打印图表

● 打印屏幕(Print Screen)

在电脑键盘上按下打印屏幕(“Print Screen”)按键去截取当前屏幕,然后在文件菜单中点击“Print Screen”,或者按下“F9”键来打印当前的屏幕截图。

● 退出(Exit)

点击“Exit”,软件会关闭,返回电脑界面。

3.5.4.2　配置菜单

配置菜单设置仪器参数和通信端口,主要包括如下操作内容:

● 浊度仪(Nephelometer)

在配置菜单中点击“Nephelometer”选项,弹出图3.22的界面,显示的是仪器目前的各种参数,可以对这些参数进行设置。表3.3对各个参数的设置和更改进行介绍。完成后点击“Exit”键退出。

表3.3　仪器设置参数

参数		描述
模拟输出范围(Analog Output Range)	类型(Type)	可以选择相对湿度、气压、温度、进气口温度和散射值
	最大值输出(Full Scale(10 V)Output)	输入范围内的一个值:相对湿度(1%~100%)、气压(1~1200 Mbar)、温度(1~400 K)、进气口温度(1~400 K)和散射值(1~10)
	零值输出(Zero Volts Output)	输入范围内的一个值:相对湿度(0%~99%)、气压(0~1199 Mbar)、温度(0~399 K)、进气口温度(1~400 K)和散射值(4~10)
	漂移量(Offset Value)	只和散射系数有关,漂移量范围(0.000 e-11~9.999 e-3)
模拟输出通道(Analog Output Channel)	通道号(Channel No.)	0=输入输出端口
	模拟输出数据类型(Analog Data Type)	选择每种通道的数据类型:外部主体值(未分配)、大气压(1)、采样温度(2)、蓝光散射(3)、绿光散射(4)、红光散射(5)、蓝光后向散射(6)、绿光后向散射(7)、红光后向散射(8)、相对湿度(0)和进气口温度(未分配)
后向散射模式(Back Scatter Mode)		选择“Total Scatter Only”只测量后向散射,选择“Total/Backscatter”测量总散射和后向散射
自动零模式(AutoZero Mode)		选择模式用干净空气对仪器进行零点基准测量。手动模式(Manual Mode):只有在给出“Z”的命令后才会进行;正常模式(Normal Mode):在设定的零点周期内进行;空气转换模式(Air-Chop Mode):同正常模式,零值是同给定值的平均
阀门位置(Valve Position)		通常使用正常模式“Normal”测量,“Zero”只用于零点基准测量
数据分割符(Data Delimiter)		在输出的文件中选择符号分割数据,可选择逗号、空格或标签

续表 3.3

参数		描述
日期/时间(Date/Time)		设置仪器内部的时间和日期，日期为“月-日-年”，时间为“时:分:秒”
时间(Time)	平均时间(Averaging)	以秒为单位设置数据平均时间
	间隔时间(Blank Valve)	以秒为单位设置间隔时间
	零点检测周期(Autozero Period)	以秒为单位设置零点检测周期
	零点检测时长(Autozero Measurement)	以秒为单位设置零点检测时长
电源(Power)		关闭或打开仪器电源
光源(Lamp)		关闭或打开仪器光源
风扇(Fan)		关闭或打开风扇
加热器(Heater)		关闭或打开加热器
抽气泵(Blower(xx%))		调整抽气泵动力大小，关闭(0 W)—最大功率(255 W)
外部主体(External Host (mV))		设置外部主体模拟值的电压(0~5000 (mV))

● COM 端口(COM Port)

在配置菜单中点击“COM Port”选项，弹出图 3.15 的窗口，设置方法同前述。

3.5.4.3 查看菜单

查看菜单显示仪器数据采集信息，用来查看仪器配置和状态。选择查看菜单中选项时，数据必须是下载状态。主要包括如下操作选项：

● 数据(Data)

在查看菜单中点击“Data”选项，弹出图 3.17 的窗口，显示仪器数据。在开始数据采集时会自动弹出数据窗口并且在主菜单窗口最小化，需要查看时，双击数据显示图标即可。表 3.4 对数据显示窗口的各个数据参数和状态信息进行介绍。

表 3.4 数据显示参数

参数		描述
数据记录（Data Record）	目前状态（Current Mode）	上部方框内可以显示：间隔期、零点测量或正常测量；下部方框内可以显示：总/后向散射和总散射
	剩余时间（Time Remaining）	显示目前状态的剩余时间
	散射系数（Scattering Coefficient）	显示的是下载的数据和仪器的计算结果
状态记录（Status Record）	压强（Pressure）	目前的大气压
	采样温度（Sample Temp）	目前的样气温度
	进气温度（Inlet Temp）	目前仪器内部温度
	相对湿度（Rel. Humidity）	目前的样气相对湿度
	灯电压（Lamp Voltage）	目前供给灯的直流电压
	灯目前功率（Lamp Current）	目前灯的功率
	目前输入电压（BNC Input Voltage）	目前的输入电压

● 图表（Graph）

在查看菜单中点击“Graph”选项，弹出图 3.26 的窗口，仪器目前的数据以图表的形式表示。在开始数据采集时会自动弹出图表窗口并且在主菜单窗口最小化，需要查看时，双击图表显示图标即可。

在图表显示窗口中点击图表选项（“Graph Options”）会弹出图 3.27 的自定义图表选项参数窗口，表 3.5 对图 3.27 中的参数进行了介绍。

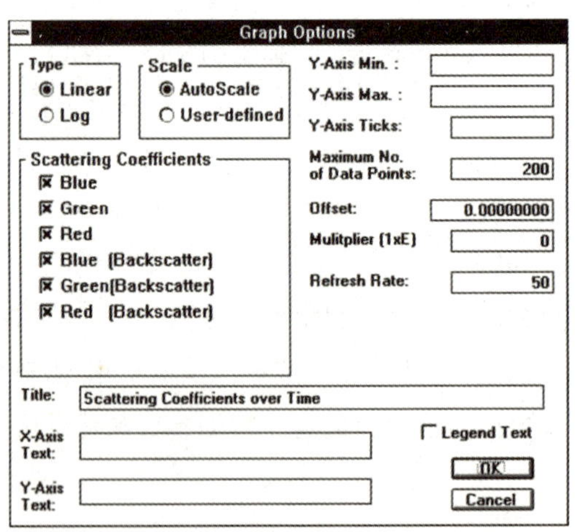

图 3.27 自定义图表选项参数窗口

表 3.5　图表选项参数

参数	描述
种类(只针对散射系数)(Type)	线性或者对数形式设置图表 X 轴,最大刻度由数据最大值决定
刻度(Scale)	自动和自定义设置图表 Y 轴,如果选择自定义,必须设置 Y 轴的最大和最小刻度、Y 轴的刻度
散射系数(Scattering Coefficients)	图表的数据种类,默认是全部数据,可以自己选择或不选
数据最大数目(Maximum No. of DataPoints)	图表上可以显示的数据数目,如果文件中数据多于这个值,只显示时间最近这个数目的数据
偏移量(Offset)	Y 轴偏移 0 值的量
刷新率(Refresh Rate)	图表更新的频率,和数据平均时间无关
标题(Title)	图表的标题,最多 60 字
X 轴主题(X-Axis Text)	输入 X 轴的名称
Y 轴主题(Y-Axis Text)	输入 Y 轴的名称
图例说明(Legend Text)	每条线的标签说明

● 光子频率(Photon Frequency)

在查看菜单中点击"Photon Frequency"选项,弹出图 3.19 的窗口,显示的是经过软件计算的仪器接收的光子频率(Hz)。在开始数据采集时会自动弹出光子频率窗口并且在主菜单窗口最小化,需要查看时,双击光子频率显示图标即可。在图 3.19 中点击"Graph"按钮,可查看光子频率的图表(图 3.28),在图 3.28 中点击"Graph Options"按钮对图表进行设置,设置方法和图 3.27 类似。

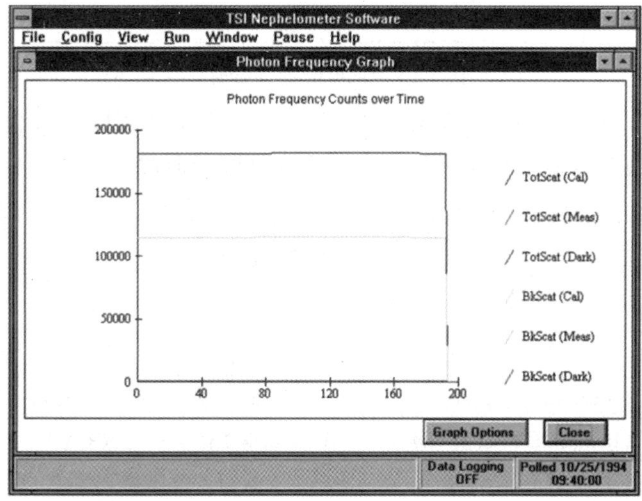

图 3.28　光子频率图表

● 仪器状态(Neph State)

在查看菜单中点击“Neph State”选项，弹出图3.18的窗口，显示的是仪器硬件的运行状态。用这个图表可以确认仪器的正常状态和存在的故障，方便检修。在开始数据采集时会自动弹出仪器状态窗口并且在主菜单窗口最小化，需要查看时，双击仪器状态显示图标即可。

● 仪器配置数据(Neph Config Data)

在查看菜单中点击“Neph Config Data”选项，弹出图3.29的仪器配置数据窗口。仪器的配置参数存储在“Nephcnfg.dat”文件中(默认的文件)，配置参数文件可以知道仪器整体的参数信息，便于分析系统存在的问题，同时也便于存储和检索参数数据。

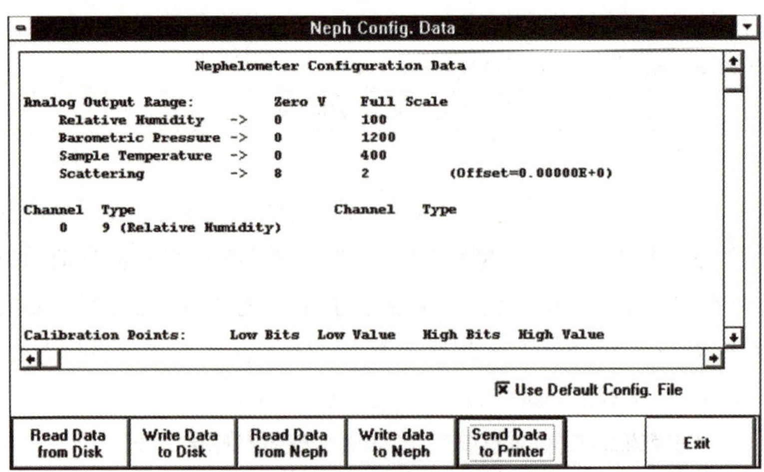

图3.29 仪器配置数据窗口

点击图3.29底部的选项(表3.7)可以快速找到对应位置的参数。如果“Use Default Config. File”被选中(前方框中打“×”)，就可以读取或者更改默认文件“Nephcnfg.dat” 中的参数信息，但不要改变文件名称或删除文件。

表3.6 仪器配置数据

选项	描述
读取硬盘中数据(Read Data from Disk)	硬盘中读取仪器配置数据参数，不是默认文件夹
写入数据到硬盘(Write Data to Disk)	将目前界面的仪器数据参数写入一个文件并保存
读取仪器中数据(Read Data from Neph)	读取仪器正在使用的配置参数文件
写入数据到仪器(Write Data to Neph)	将配置参数写入仪器并保存，替代旧的配置参数
发送数据并打印(Send Data to Printer)	打印目前界面显示的仪器配置参数

● 下载数据表(Log Data Table)

在查看菜单中点击“Log Data Table”选项,查看已保存的数据文件或者仪器正在下载的数据文件(图3.30)。

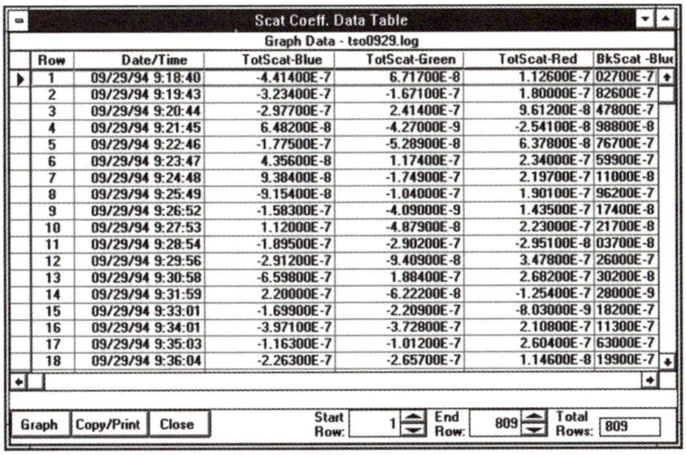

Scat Coeff. Data Table

Graph Data - tso0929.log

Row	Date/Time	TotScat-Blue	TotScat-Green	TotScat-Red	BkScat -Blu
1	09/29/94 9:18:40	-4.41400E-7	6.71700E-8	1.12600E-7	02700E-7
2	09/29/94 9:19:43	-3.23400E-7	-1.67100E-7	1.80000E-7	82600E-7
3	09/29/94 9:20:44	-2.97700E-7	2.41400E-7	9.61200E-8	47800E-7
4	09/29/94 9:21:45	6.48200E-8	-4.27000E-9	-2.54100E-8	98800E-8
5	09/29/94 9:22:46	-1.77500E-7	-5.28900E-8	6.37800E-8	76700E-7
6	09/29/94 9:23:47	4.35600E-8	1.17400E-7	2.34000E-7	59900E-7
7	09/29/94 9:24:48	9.38400E-8	-1.74900E-7	2.19700E-7	11000E-8
8	09/29/94 9:25:49	-9.15400E-8	-1.04000E-7	1.90100E-7	96200E-7
9	09/29/94 9:26:52	-1.58300E-7	-4.09000E-9	1.43500E-7	17400E-8
10	09/29/94 9:27:53	1.12000E-7	-4.87900E-8	2.23000E-7	21700E-8
11	09/29/94 9:28:54	-1.89500E-7	-2.90200E-7	-2.95100E-8	03700E-8
12	09/29/94 9:29:56	-2.91200E-7	-9.40900E-8	3.47800E-7	26000E-7
13	09/29/94 9:30:58	-6.59800E-7	1.88400E-7	2.68200E-7	30200E-8
14	09/29/94 9:31:59	2.20000E-7	-6.22200E-8	-1.25400E-7	28000E-9
15	09/29/94 9:33:01	-1.69900E-7	-2.20900E-7	-8.03000E-9	18200E-7
16	09/29/94 9:34:01	-3.97100E-7	-3.72800E-7	2.10800E-7	11300E-7
17	09/29/94 9:35:03	-1.16300E-7	-1.01200E-7	2.60400E-7	63000E-7
18	09/29/94 9:36:04	-2.26300E-7	-2.65700E-7	1.14600E-8	19900E-7

Graph　Copy/Print　Close　Start Row: 1　End Row: 809　Total Rows: 809

图3.30　表格形式查看数据文件

在图3.30的窗口界面中一次最多只能显示18行数据,用向上、向下和向左、向右键可以查看文件的所有数据,窗口界面右下角会显示文件的行数和列数。窗口显示的内容是由分析状态和查询状态来决定的。

在分析状态下,可以查看已保存的数据文件,包括以下信息:

* 每个波段的总散射系数;
* 每个波段的后向散射系数;
* 绿光的灵敏度;
* 大气压;
* 样本气体温度;
* 进气口温度;
* 相对湿度;
* 光源灯电压;
* 光源灯功率;
* 输入电压;
* 状态标识。

在查询状态下,可以查看正在下载的数据文件,包括以下信息:

* 每个波段的总散射系数;

* 每个波段的后向散射系数；
* 样本气体温度；
* 大气压；
* 输入电压；
* 相对湿度。

图3.30的窗口界面左下角的按钮选项可以进行数据绘图、复制数据到剪贴板或者另一个文件、打印数据，可选择绘图、拷贝或打印表格中所有数据，或其中一行或一列数据。

点击“Graph”，会弹出图3.31的数据绘图选项窗口，可选择合适的图表种类，点击“OK”即可。图3.32至3.36是五种绘图方式，分别是操作状态图（Operating Status Graph）、光子计数（标定）图（Photon Counts（Calibrator）Graph）、光子计数（暗背景）图（Photon Counts（Dark）Graph）、光子计数（测量）图（Photon Counts（Measure）Graph）和散射系数图（Scattering Coefficients Graph）。

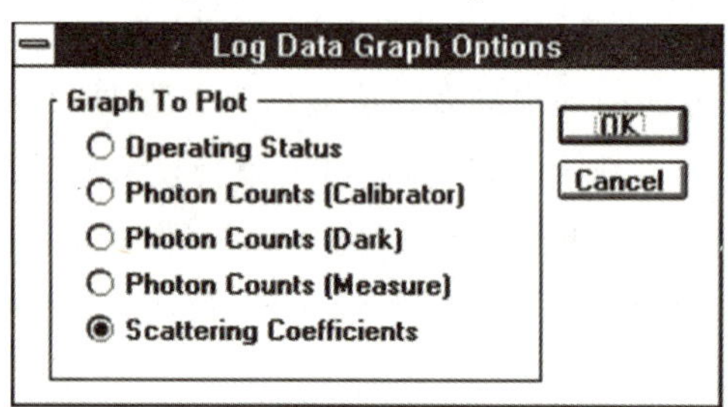

图3.31　数据绘图选项

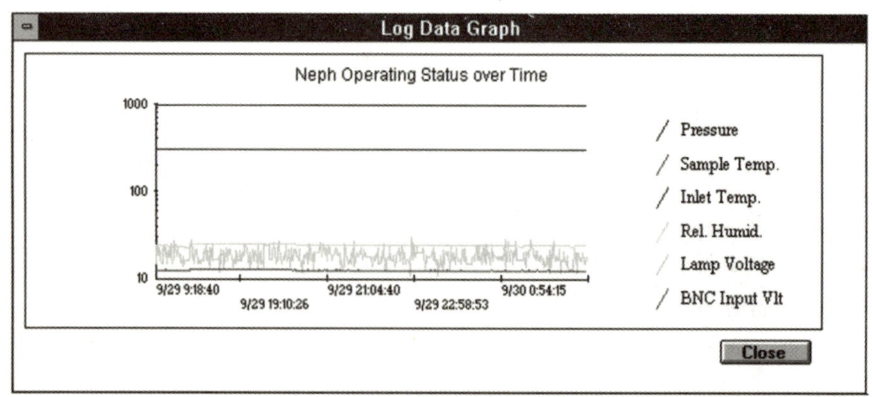

图3.32　操作状态图

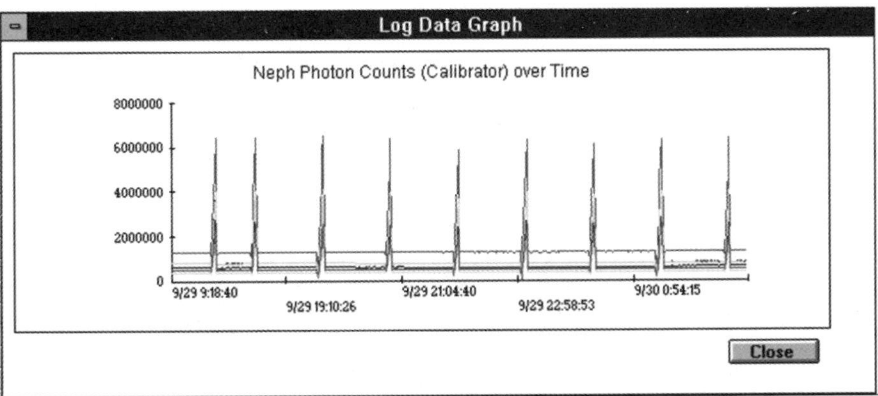

图 3.33　光子计数(标定)图

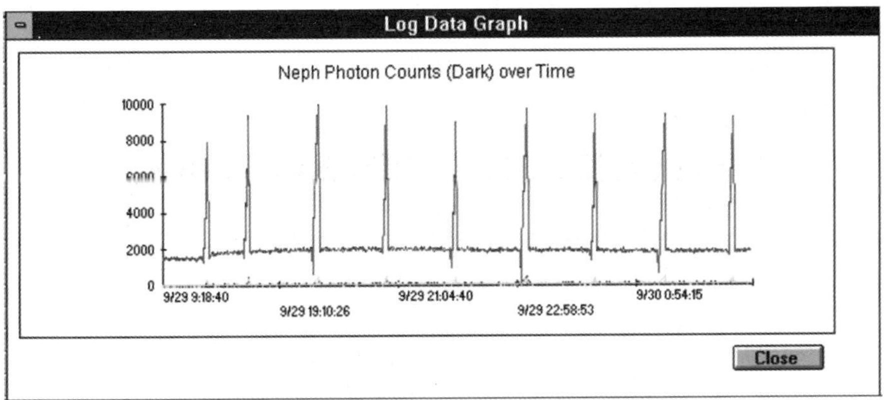

图 3.34　光子计数(暗背景)图

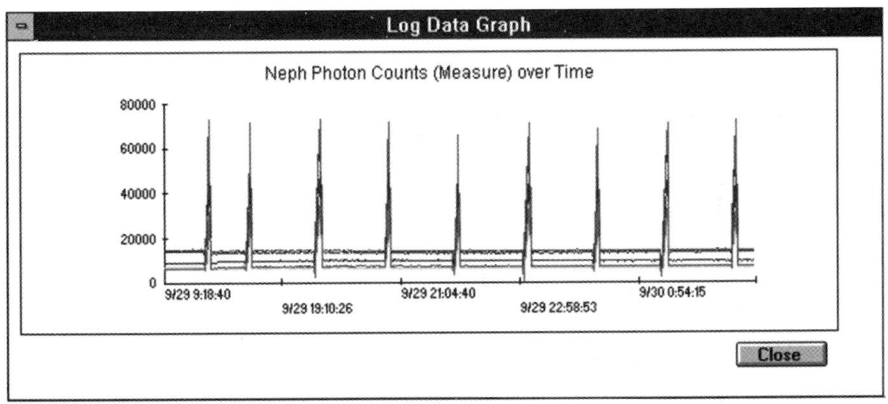

图 3.35　光子计数(测量)图

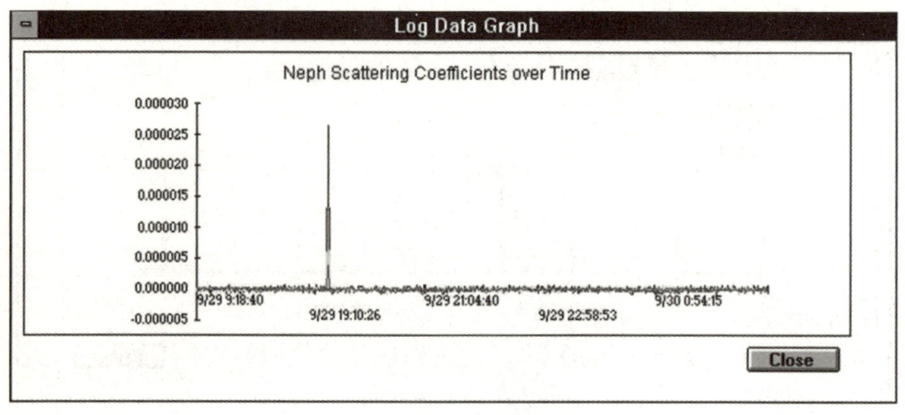

图 3.36 散射系数图

点击"Copy/Print"选项，会弹出图 3.37 的目标对话框窗口，可选择复制的数据种类：选择"Disk File"复制数据到新的文件；选择"Clipboard"是先复制数据到剪贴板，然后可复制数据到另一个窗口的文件中；选择"Printer"发送数据到打印机。

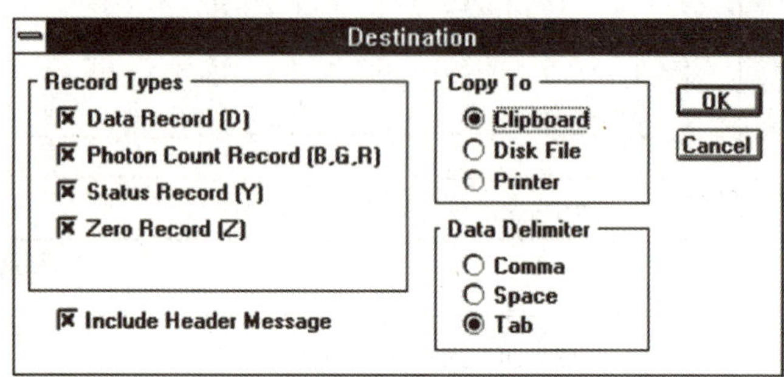

图 3.37 复制/打印目标对话框

3.5.4.4 运行菜单

运行菜单可以校准仪器、下载数据和终端控制仪器，下面对这些操作进行详细介绍：

● 校准(Calibration)

在运行菜单中点击"Calibration"选项，会弹出图 3.38 的校准菜单窗口。窗口上半部分是目前的校准参数设置和即将校准的参数设置(空白)；窗口中部是零点校准和标准气体校准光子数据频率(Hz)，包括三个波段的散射和后向散射数据；窗口下部是仪器校准步骤选项，在选项前方框内打"√"，这一选项将会执行。

校准菜单可以进行两种气体的校准，校准可以在实验前进行，也可以定期进行校准。建议按照 3.6.1 节的介绍进行校准。

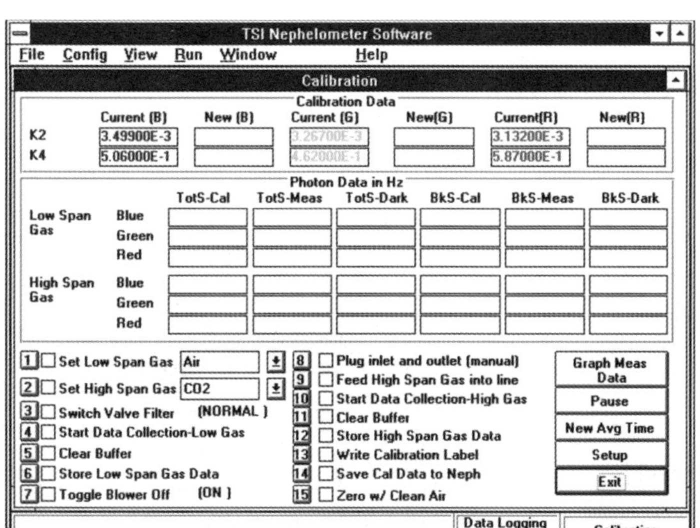

图3.38 仪器校准菜单窗口

图3.38窗口中的选项“Graph Meas Data”可以直接看到两种气体校准时的散射系数曲线，从曲线图上可以知道何时进行校准的下一步。选项“Pause”可以在校准过程中暂停数据下载，点击“Pause”后选项会变成“Continue”，点击“Continue”会继续数据采集。选项“New Avg Time”可以用来设置数据平均时间，在校准过程中可在这里设置较短的数据平均时间，这样对校准可以有一个较快的响应时间。选项“Setup”可以设置仪器的校准参数，在校准进行之前，首先要进行参数设置，点击“Setup”之后，会弹出图3.39的校准参数设置窗口。在校准参数设置窗口可以设置校准点、校准内容、光电倍增管电压和输入校准标签信息。

Calibration Parameters

Calibration Points
Sensor Type: Barometric Pressure
r1 211
v1 110
r2 418
v2 668
Set

Calibration Constants
Color Type: Blue
K1 2.00000E+4
K2 3.49900E-3
K3 2.78900E-5
K4 5.06000E-1
Set

PMT Voltage
Color Type: Blue
Voltage: 1000
Set

Calibration Label String
MMH 9-06-94 S/N 1006

Exit

图3.39 校准参数设置窗口

表3.7对图3.39中的参数设置进行说明，更改每个参数后，必须点击“Set”按钮进行保存，设置完成后点击“Exit”退出。

表3.7 校准参数

参数		描述
校准点（Calibration Points）	Sensor Type	可选气压、内部温度、相对湿度或样气温度
	r1	设置A/D转换器最低值
	v1	设置低点校准的数据值
	r2	设置A/D转换器最高值
	v2	设置高点校准的数据值
校准内容（Calibration Constants）	Color Type	可选蓝、绿或红光
	K1	设置输入脉宽的光子计数
	K2	设置参考斩波器的总散射校准
	K3	设置标准状态下的瑞利散射
	K4	设置参考斩波器的后向散射校准
PMT电压（PMT Voltage）	Color Type	可选蓝、绿或红光
	Voltage	光电倍增管电压
校准标签（Calibration Label String）		设置校准的说明标签

● 数据下载（Data Collection）

在运行菜单中点击“Data Collection”选项，可以开始数据下载，详细介绍见3.5.2节。

● 终端模式（Terminal Mode）

在运行菜单中点击“Terminal Mode”选项，会弹出终端模式窗口。在终端模式窗口中输入终端命令符号，按下“Enter”键，将命令输入给仪器，仪器会执行命令对应的操作。可以用这种方法来解决仪器存在的一些故障问题。

3.5.4.5 窗口菜单

窗口菜单用来整理已打开窗口和窗口上的按钮，和Windows系统用法相同。

3.5.4.6 暂停/重启菜单

暂停和重启菜单用来暂停和重启数据下载。单击暂停键，数据暂停下载，暂停键变为重启键；点击重启键，数据重启下载。按键在暂停和重启之间转换。

3.6 仪器维护

3.6.1 仪器检测和校准

TSI浊度仪在观测运行过程中，光源和仪器部件等因为损耗而发生些许变化，会造成仪器观测结果出现误差。这就需要定期对仪器进行检测和维护，以保证得到高质量的观测数据。浊度仪检测和校准的思路是用已知散射系数的气体通入仪器内部，根据观测结果来检测和校准仪器参数。浊度仪要定期进行零气和标准气体（简称“标气”）检测：如果零气和标准气体检测符合规定要求，表明仪器工作正常；如果检测超出设定的误差范围，说明仪器参数漂移量过大，需要进行相应的校准维护。零气和标准气体检测过程持续的时间比较短，一般为15 min左右，因此仪器的数据采样频率要尽量小，如10 s或者20 s，这样就能在仪器控制软件上实时看到散射系数曲线的变化范围。

3.6.1.1　检测和校准气体选择

根据传统，浊度仪检测和校准使用的介质是干净空气和氯氟烃气体。其中氯氟烃气体多选择惰性气体，优点是具有较高的散射系数和反射因子，缺点是在大气中不容易分解，存在的周期比较长，大约为100年。氯氟烃气体最大的危害是可以上升到平流层，破坏大气的臭氧层，因此开始使用一些替代性的气体，如CFC-22、SF6、HFC-134A$_2$和CO_2等。CO_2气体有众多优点，例如可以有较高纯度、普遍易得、价格便宜，同时对环境的危害可以忽略不计。虽然CO_2是一种主要的温室气体，但在浊度仪检测和校准过程中使用量很少，其对气候变化的作用微乎其微，可以忽略。使用者不用担心长时间校准、重复校准，或频繁校准和检测而排放过多的CO_2。而其他的几种气体的价格相对较高，对环境也有一定的污染。

从校准过程来说，CO_2的检测和校准时间要稍长于其他几种替代气体，因此在比较特殊的环境中使用浊度仪，如在高空飞机观测实验中，为了节省检测和校准的时间就必须使用高散射系数的气体。在地面观测实验中，具有高散射系数的气体和CO_2比起来，并没有明显的优势，节省时间的优点可以忽略不计。其主要原因是浊度仪检测和校准时，在得到有效数据之前，仪器光室和进气管路都要被检测和校准气体填满，检测和校准完成后，在正常观测之前，填充的气体要完全抽出仪器和管路，这样都会耗去一定的时间。

选择空气和CO_2作为浊度仪检测和校准的气体的另一个重要原因是对这两种气体基本特性的研究比较深入，散射系数可以比较精确地得到，对空气和CO_2散射系数有重要影响的去极化因子在过去的100年时间里被反复测量和修正。综上所述，浊度仪零气和标准气体检测与校准选择的气体分别是干净空气和CO_2。

3.6.1.2　零气检测

零气检测是所有集成系统的仪器都要进行的，一般周期为15天。零气检测就是将仪器进气口和高效率过滤器(>0.1 μg的颗粒物过滤效率>99.9%)连接,记录下来仪器的观测数值,并计算出“零气平均值”和“零气标准偏差”。在理想条件下,仪器的观测值应接近于0 Mm^{-1}。但在实际操作中,会出现极少的旁路或少量颗粒物没有被过滤的情况,实际观测值可能稍大于0 Mm^{-1},但其值远小于正常观测值。如果零气检测值较大,说明可能是仪器内部漏气或者仪器出现问题,应进行相应的维护和检修。

浊度仪零气检测时间比较短,每两天进行一次。零气是经仪器内部高效粒子空气过滤器(HEPA过滤器)过滤后的空气。其具体步骤是在仪器正常观测状态下,在仪器软件超级终端窗口中输入命令符“VZ”,仪器进气口三通阀会转向HEPA过滤器(图3.40),这时环境空气就会经过HEPA过滤器进入仪器内部,仪器测量得到的散射系数即零气的散射系数。

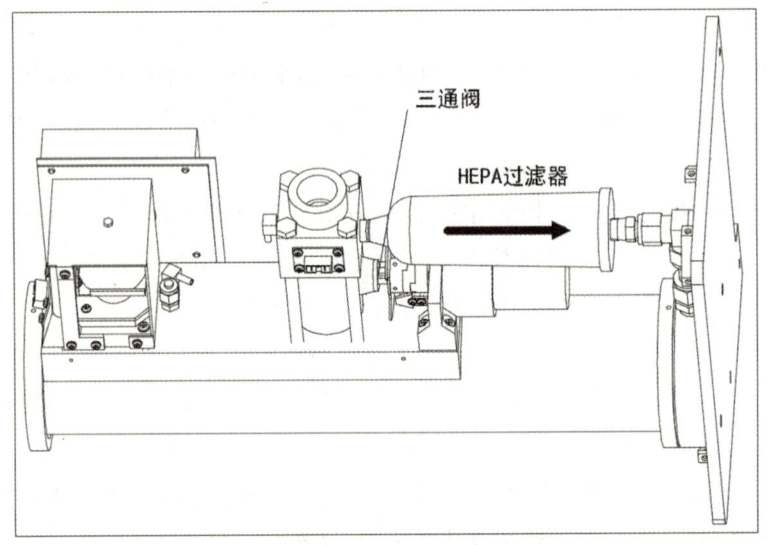

图3.40 浊度仪内部HEPA过滤器和进气口三通阀

浊度仪零气检测时在三个波段的总散射和后向散射系数变化范围为±3 Mm^{-1},平均值范围为±1.5 Mm^{-1},超出这些变化范围都要对仪器进行零点设定。如图3.41所示的浊度仪在零气检测时三个波段的总散射和后向散射系数变化曲线图,图中横坐标表示时间,纵坐标表示散射系数(单位是Mm^{-1}),散射系数的波动范围在±3 Mm^{-1}之内。

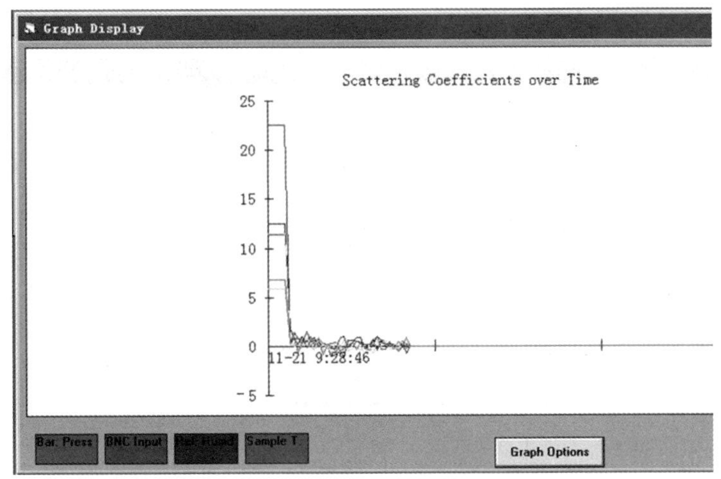

图 3.41　浊度仪零气检测时散射系数变化趋势截图

3.6.1.3　标气检测

标准气体的检测周期一般为两周左右，使用的气体是 CO_2。和零气检测不同，标准气体检测只能手动操作完成，可在当天零气检测后接着进行标准气体检测，其具体操作步骤是：

(1)断开浊度仪的采样管路和排气管路，保证仪器的排气口畅通，这是为了保证标准气体能自然地填满仪器光室并最终溢出；

(2)将 CO_2 气体连接到仪器进气口，前 5 min 保持流量为 10 L/min，之后调整为 5 L/min；

(3)在仪器软件超级终端窗口将仪器调整为零气检测状态，或者是在进气口增加一个 HEPA 过滤器，进一步过滤 CO_2 气体可能存在的气溶胶杂质，保证标准气体的纯度；

(4)10~15 min 后断开 CO_2 并关闭气瓶，连接好排气管路，打开排气泵，清空仪器内部的 CO_2，连接好剩余管路，正常观测。

在标准气体检测过程中要用仪器软件接收数据并绘曲线图，随时注意散射系数曲线变化，在曲线稳定后，连续测量 10~15 min，之后停止数据采集。

检测过程中为了便于控制浊度仪泵的工作状态，可对排气泵进行改装，在自带泵的电路上加装控制开关，或者直接拆除，改用外置真空排气泵作为替代。如图 3.42 所示的浊度仪在标准气体检测时三个波段的总散射和后向散射系数变化曲线图，其中横坐标是时间，纵坐标是散射系数(单位是 Mm^{-1})。图中，9:40 之前是仪器在进行零气检测，9:40 之后是仪器在进行标气检测，通入 CO_2 后散射系数增大，一段时间后在某一范围内稳定波动。

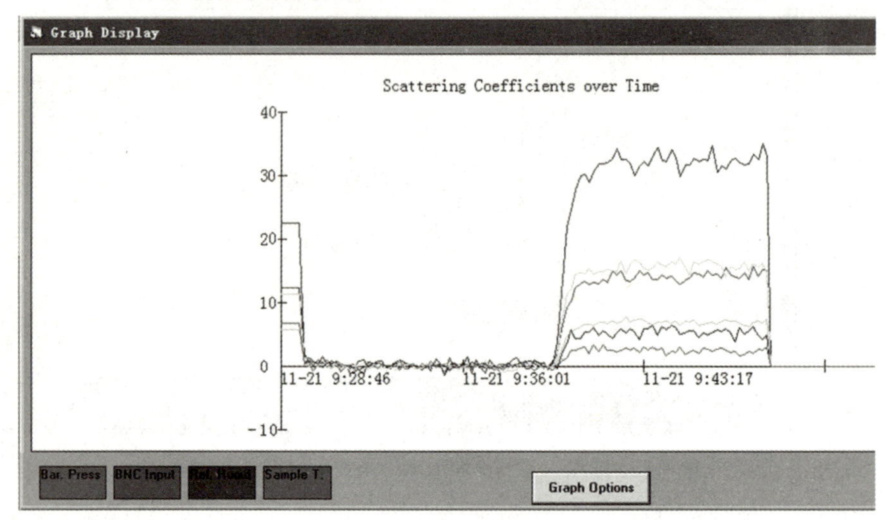

图 3.42　浊度仪标气检测时散射系数变化趋势截图

选取浊度仪标气检测时散射系数曲线稳定后一段时间的观测数据，对三个波段总散射系数、气压和温度求平均值，分别用 σ_{sg}^{i}、P_{avg}和 T_{avg}表示，其中 i 表示浊度仪的三波段（450 nm、550 nm 和 700 nm）。

在标准大气状态下（压强 1013.25 mBar、温度 273.2 K），空气在三个波段（450 nm、550 nm 和 700 nm）的散射系数是已知的，已做过精确测量和理论计算，这里分别取 27.610 Mm^{-1}（450 nm）、12.125 Mm^{-1}（550 nm）和 4.549 Mm^{-1}（700 nm）。

散射系数的理想状态方程为：

$$\sigma_{sg}^{i} = \sigma_{sg}^{i}(STP)\left(\frac{273.2}{T_{avg}}\right)\left(\frac{P_{avg}}{1013.2}\right) \tag{3.1}$$

式中：

i——波段；

$\sigma_{sg}^{i}(STP)$——标准状态下空气的散射系数，其中 σ_{sg}^{i} 是在设定状态下（压强为 P_{avg}，温度为 T_{avg}）空气的散射系数。

CO_2与标准状态下空气的散射系数之比为常数：

$$k = \frac{\sigma_{sg-CO_2}^{i}}{\sigma_{sg-air}^{i}} = 2.59 \tag{3.2}$$

浊度仪在观测和检测时是将干净空气的测量值作为零点，即将干净空气的散射系数设定为 0，故浊度仪测量 CO_2的散射系数为：

$$\sigma^{i}_{sg-CO_2} = (k-1)\sigma^{i}_{sg-air} \tag{3.3}$$

由公式(3.1)和公式(3.3)即可求出CO_2的散射系数：

$$\sigma^{i}_{sg-CO_2} = (k-1)\sigma^{i}_{sg-air}(STP)(\frac{273.2}{T_{avg}})(\frac{P_{avg}}{1013.2}) \tag{3.4}$$

其中 σ^{i}_{sg-air} 值已知，平均气压P_{avg}和温度T_{avg}由仪器的观测值求出。

$$P = \frac{\sigma^{i}_{sg} - \sigma^{i}_{sg-CO_2}}{\sigma^{i}_{sg-CO_2}} \times 100\% \tag{3.5}$$

将 $\sigma^{i}_{sg-CO_2}$ 和 σ^{i}_{sg} 带入公式(3.5)，可求出标准气体测量值和理论计算值之间的误差P。如果仪器在三个波段散射系数的误差值都在±5%之内，认为浊度仪运行状况良好；如果任一波段散射系数的误差值超出±5%范围，说明仪器漂移量过大，需要进行全校准。

3.6.1.4 零点设定

浊度仪在零气检测结果不合要求时就要进行零点设定。仪器有自动默认的零点设定周期，每1 h进行一次，每次通入零气的时长为5 min。根据实际观测经验，默认的零点设定周期太频繁，每进行一次零气设定，数据就会有一段时间缺失。虽然零气设定时长为5~10 min，但同零气检测相同，零气设定前后都需要一定的时间将零气充满并排空仪器光室和管路，这样会缩短仪器的有效测量时间。浊度仪是测量气溶胶散射特性比较稳定的仪器，每天零点漂移量比较小，因此可将零点设定改为手动操作进行，在零气检测通不过的情况下再进行零点设定，其具体步骤是在仪器软件终端窗口中输入命令符“Z”，按“Enter”键后仪器会自动完成零点设定。

3.6.1.5 全校准

全校准是在浊度仪标气检测结果不合要求的情况下进行的工作。说明书中的操作步骤需要打开仪器的外壳来通入校准气体，校准结束后再重新安装仪器外壳。这样做的缺点是需要来回搬动仪器和拆卸仪器外壳，操作极其不便，对仪器也会有一定的影响。我们对仪器自带的排气泵进行改装，同CO_2检测时一样，在仪器自带泵的电路上加装控制开关，或者直接拆掉自带泵，改用外置真空排气泵作为替代。

在全校准过程中，通入零气时，排气泵处于工作状态，通入CO_2时关闭仪器排气泵，断开出气口排气管，进气口通入CO_2，标准气体会自然地充满仪器光室。浊度仪全校准具体操作步骤如下：

(1)在仪器控制软件“Run”菜单中选择“Calibration”选项，进入校准菜单选项，会出现如图3.38的窗口；

(2)选择零气为“Air”(Set Low Span Gas)，点击按钮“1”，直到复选框中标有“√”标志，此步完成(图3.43，下同)，选定CO_2作为标准气体，点击“2”；

(3)点击“3”，三通阀会转向仪器内部的HEPA过滤器(省去拆卸仪器外壳等步骤)；

(4)紧接着步骤(3)后点击“4”，仪器进入零气数据的采集阶段，点击“Graph Meas Data”菜单，此时界面会出现显示实时散射率变化的窗口，在窗口中的系数曲线平稳后即可进入下一步骤，但这步持续时间必须大于300 s(全校准窗口右下角有时间显示，见图3.43，每300 s循环一次，可供控制时间参考)；

(5)点击“5”，等待至少300 s，软件清除内存读入新数据，点击“Graph Meas Data”菜单，观察散射系数曲线是否仍然平稳，如果平稳即可进入下一步；

(6)点击“6”，存储零点校准数据参数；

(7)排气口断开排气泵管路，点击“7”；

(8)点击“8”(浊度仪改装后，不需要此步骤操作)；

(9)在进气口通入标准气体CO_2，流量调整为10 L/min，点击“9”；

(10)点击“10”，进入标准气体数据的采集阶段，点击“Graph Meas Data”菜单，此时界面会出现显示实时散射率变化的窗口，在窗口中的系数曲线平稳后即可进入下一步骤，但这步持续时间必须大于300 s；

(11)点击“11”，等待至少300 s，软件清除内存读入新数据，点击“Graph Meas Data”菜单，观察散射系数曲线是否仍然平稳，如果平稳即可进入下一步；

(12)在这一步比较以前(Current)和新校准产生(New)的k_2和k_4值，如果和以前的值偏差比较大，可能是校准出现错误，需要重新校准，如果有偏差，但在合理范围，点击“12”，存储标准气体校准数据参数；

(13)点击“13”，填写校准信息；

(14)点击“14”，将新校准的参数文件存储到仪器内部，断开和关闭CO_2通入，连接好进气和排气泵，让排气泵抽气至少10 min，将仪器内部和管路中的CO_2完全排出；

(15)点击“15”，仪器进行背景零点测量(可选)。

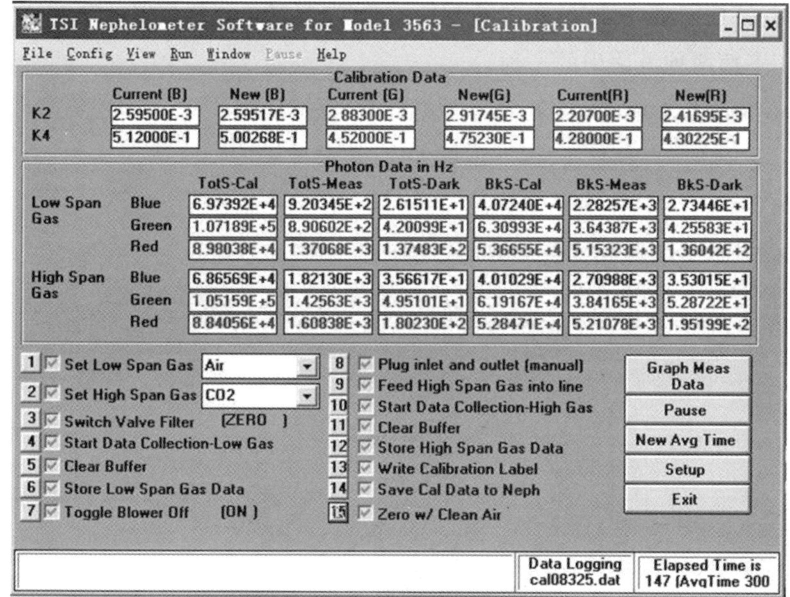

图3.43　浊度仪全校准完成窗口

3.6.2　拆除仪器外壳

仪器的底部、顶部和PMT的外壳可以进行拆除，从而对仪器进行相应的维护。需要注意的是为了防止损坏电路，在拆除仪器外壳时要有防静电措施。

拆除顶部外壳的具体步骤如下：

(1)断开仪器的电源和其他通信连接；

(2)拧开图3.44所示的仪器外壳的四个螺丝，拆除顶部外壳。

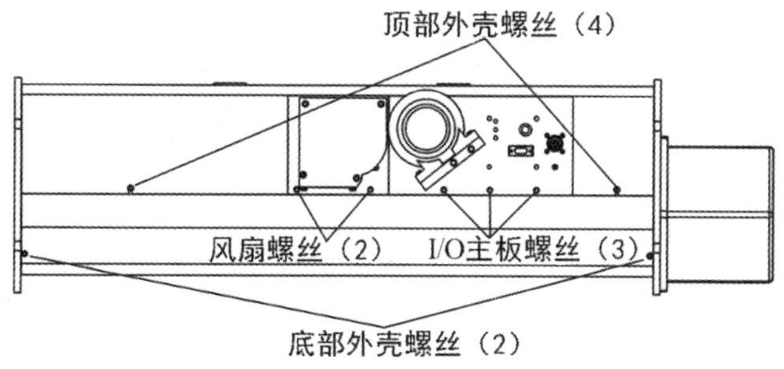

图3.44　仪器外壳螺丝

拆除底部外壳的具体步骤如下：

(1)断开仪器的电源和其他通信连接。

(2)拆除外壳。

(3)拧开底部外壳螺丝，底部外壳是弯曲的，紧紧包裹住仪器的底部，移除底部外壳可用下面两种方法中的一种：

* 不拆除风扇和I/O主板，小心地撬开底部外壳；

* 拆除风扇和I/O主板，拆下顶部外壳，这种方法比较容易。

拆除PMT外壳具体步骤如下：

(1)断开仪器的电源和其他通信连接；

(2)拧开图3.45所示的PMT外壳的四个螺丝，小心地取下外壳。

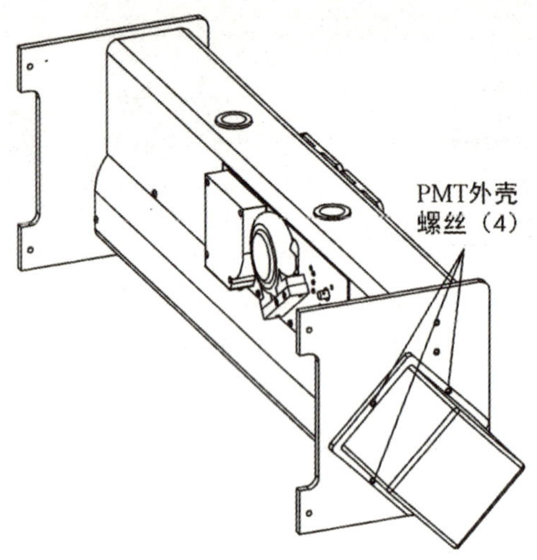

图3.45 仪器PMT外壳

3.6.3 清理风扇滤膜

仪器的内部电路是由风扇进行降温的。风扇安装在仪器外壳上(图3.44)，在外壳的另一面有两个风扇通气滤膜(图3.46)，滤膜较脏时阻塞仪器内部空气流动，会缩短光源灯的使用寿命，所以要定期对滤膜进行清理维护，维护周期是实验前或每个月进行一次。具体步骤如下：

(1)抠掉滤膜固定壳，取出滤膜；

(2)用压缩空气吹掉滤膜上沉积的杂物，如果较脏可用清水冲洗，再用吹风机吹干；

(3)重新安装滤膜。

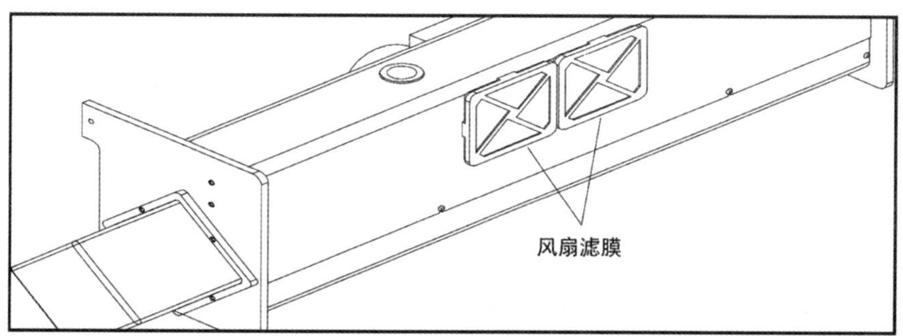

图 3.46　风扇滤膜

3.6.4　更换光源

仪器使用的光源是 75 W 的卤素灯，电压是 12 V，寿命约为 2000 h。光源在观测期间要定期进行更换，一般是每 3 个月更换一次，具体更换步骤如下：

(1)断开仪器的电源和其他通信连接；

(2)拆掉仪器底部外壳；

(3)松开光源灯防护罩的两个螺丝(图 3.47)，拆掉防护罩，需要注意的是在仪器刚关闭时，防护罩和灯的温度较高，拆除的时候要小心，最好是放置一段时间再操作；

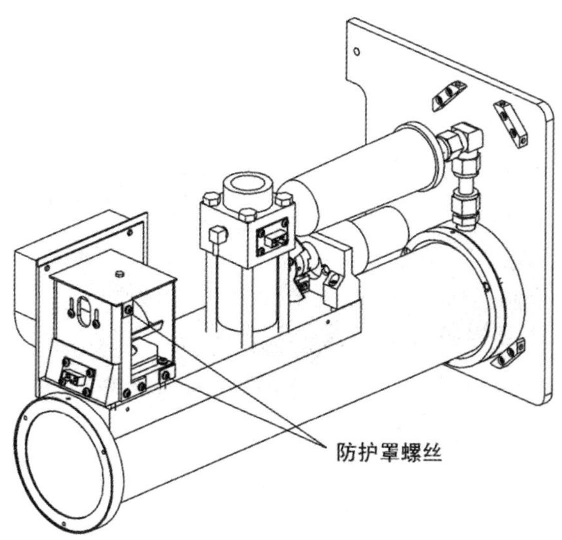

图 3.47　光源灯防护罩

(4)抬高灯撬杆，将光源灯从插座中拔出；

(5)安装新光源灯并压紧灯撬杆，固定好新光源灯；

(6)安装光源灯防护罩；

(7)安装仪器外壳；

3.6.5 清洁光管透镜

光管透镜安装在光源灯的下方，光源通过透镜进入仪器光室，同时透镜可以隔绝光源灯和光室之间的热量。透镜处正对着仪器的散热风扇，在运行中会有杂物沉积在上面，所以要定期对其进行清洁，清洁步骤和更换光源灯基本相同，就是在拆掉光源灯后，用脱脂酒精棉签对透镜进行清理。

3.6.6 更换气溶胶过滤器

仪器内部有两个气溶胶过滤器：其中一个是白色高效过滤器(HEPA)，可以将空气过滤成干净空气，为仪器检测和校准提供零气；另一个是小的蓝色过滤器，用来净化进入光导管孔的小流量气体，保持透镜干净清洁。

仪器没有软件指示过滤器是否运行正常，如果将空气通入高效过滤器进入仪器，前后压力有明显的减小，就说明有可能是过滤器较脏或者进气口堵塞。一般每6个月更换一次高效过滤器，每12个月更换一次蓝色过滤器。如果仪器是在比较的脏的环境下运行，那么相应的更换周期就要缩短；同理，如果仪器在比较干净的环境下运行，更换周期可相应延长。具体更换步骤如下：

(1)断开仪器的电源和其他通信连接。

(2)拆掉仪器底部外壳。

(3)更换高效过滤器：

a.拧掉固定底部平板螺丝，将底部平板和外壳分开(图3.48)；

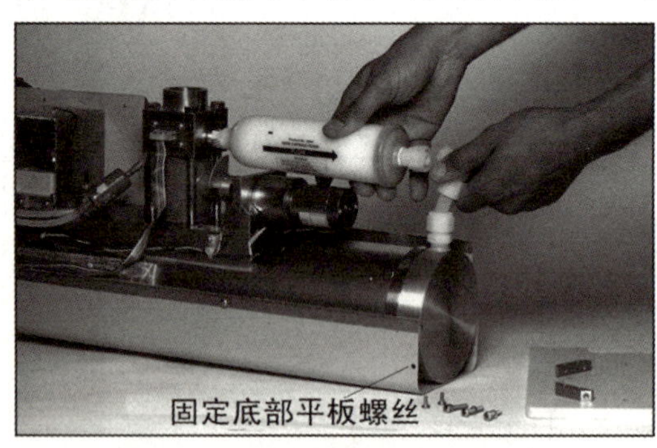

图3.48 拧掉固定底部平板螺丝

b.拧掉底部平板上的3个螺丝，拆掉底部平板；

c.用扳手松掉高效过滤器两头的尼龙螺母；

d.拔掉高效过滤器；

e.安装新的过滤器，确保过滤器上的箭头方向和图3.48中的一致；

f.拧紧尼龙螺母,安装底部平板。

(4)更换蓝色过滤器:

a.拔掉蓝色过滤器两头的硅胶软管(图3.49);

b.安装新的过滤器,确保过滤器箭头方向和拔掉前的方向一致。

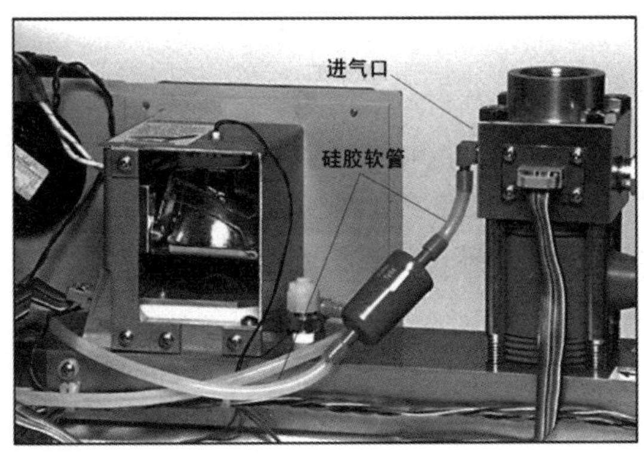

图3.49 蓝色过滤器

(5)安装仪器外壳。

3.6.7 流量和漏气检测

3.6.7.1 流量检测

流量检测(也称"流量检查")是用标准流量计对仪器流量进行检测,看流量是否符合仪器观测要求。流量检测是仪器在观测前必须要完成的工作,在仪器运行期间也要定期对流量进行检测,周期一般为3个月。电子流量计和浮子流量计是检测仪器流量常用到的工具(图3.50),电子流量计精度高,但成本也高,浮子流量计精度比电子流量计低,但操作方便、成本较低。

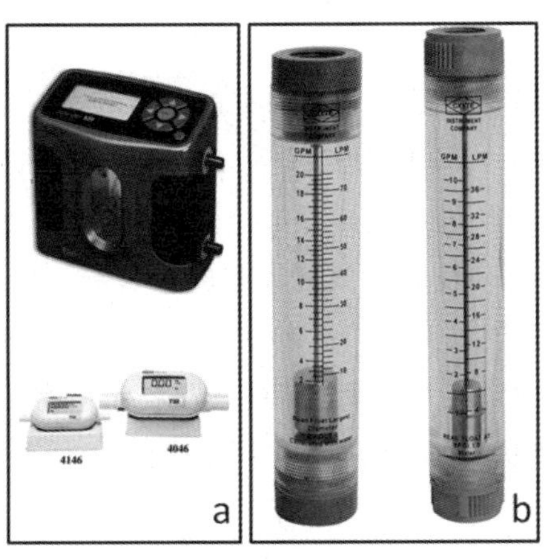

图3.50 电子流量计(a)和浮子流量计(b)

仪器流量检测的具体步骤是：首先将流量计与仪器进气口通过管路连接，然后打开仪器并调整为正常观测状态，检查流量计读数是否和仪器设备设定的流量相同。流量在5%误差范围内是正常的，如果超出误差范围，就需要检查仪器内部管路或连接真空泵管路是否漏气或者堵塞。如果是漏气问题，将管路重新连接即可；如果是堵塞问题，则需对管路进行清理或者更换新的管路。如果上述问题都不是，就有可能是真空泵出现问题，需要对真空泵进行检查维修。

电子流量计可以测量周围环境的温度和压强，自身可进行环境校准，得到准确流量。浮子流量计在出厂时流量刻度都有对应的环境温度和压强，在环境发生变化以后，流量刻度显示的值将不再为真实值，这时就要根据观测站点环境对流量计读数进行校准，尤其是海拔较高地区。流量读数校准公式如下：

$$I_{act} = I_{std} \times \sqrt{\frac{P_{act}}{P_{std}} \times \frac{T_{std}}{T_{act}}} \tag{3.8}$$

式中：

I_{act}——浮子流量计实际读数值（L/min）；

I_{std}——仪器正常工作流量值（L/min）；

P_{act}——实际大气压（mmHg）；

P_{std}——浮子流量计标注大气压（mmHg）；

T_{act}——观测点大气温度（K）；

T_{std}——浮子流量计标注温度（K）。

从公式（3.8）可知，根据观测点的压强和温度可以计算出浮子流量计的实际读数。对于仪器工作需要的流量，浮子流量计在高海拔地区比在低海拔地区的刻度读数要小。

根据研究目的的不同，可选用不同种类的气溶胶粒子切割头，常用的是PM_{10}、$PM_{2.5}$和$PM_{1.0}$切割头。PM_{10}一直作为我国空气质量报告的指标；目前$PM_{2.5}$也已纳入空气质量报告内容，成为环境观测站日常监测项目；$PM_{1.0}$也正逐渐从科研用途转向作为空气质量指标，对环境和人类健康有较大影响，具有重要的研究价值和意义。切割头对流量都有严格的要求，流量在要求的范围之内，切割头才能保证正常的切割效率，剔除动力学粒径大于设定值的气溶胶颗粒物，流量过大或者过小都会影响切割效率。公式（3.9）计算的是切割头在不同流量情况下的切割点：

$$C_{act} = \sqrt{\frac{Q_{design}}{Q_{act}}} \times C_{design} \tag{3.9}$$

式中：

C_{act}——实际流量情况下切割头的切割点；

C_{design}——设定流量情况下切割头的切割点；

Q_{design}——切割头标准流量；

Q_{act}——实际流量。

为了保证切割头的切割效率，需要对其定期进行维护，一旦切割头内部黏附的气溶胶过多，切割效率就会发生改变。切割头内壁或筛孔处黏附气溶胶粒子过多，会使得通过的气体流速发生变化，切割头的切割点会变小，$PM_{2.5}$可能会变成$PM_{2.0}$；撞击式切割头内部的撞击板上若附着太多的气溶胶颗粒物，会使得撞击板上沉积的大颗粒气溶胶随气流进入仪器，而起不到切割头的作用。旋风式切割头一般要求一个月清洁一次，撞击式切割头需要每周进行检查维护，如果遇到污染严重的天气或是沙尘暴天气，维护周期都相应缩短。

如果没有切割头或未定期对切割头进行维护，粒径较大的气溶胶颗粒物会随着气流进入仪器内部，而这些粒径较大的气溶胶很容易在仪器内部沉积和黏附。当它们沉积或黏附在仪器测量光室内部时，会污染仪器光室；沉积或黏附在仪器内部管路中时，会阻塞管路，影响测量结果，造成测量不精确，甚至直接损坏仪器。在长期运行的仪器前加装切割头，剔除颗粒较大的气溶胶颗粒物，可使得研究需要的小粒径气溶胶颗粒物进入仪器，而这些小粒径气溶胶会随着气流直接排出仪器。

在仪器、管路和切割头等流量检测正常的情况下，切割要额外增加定期的清洁维护。

3.6.7.2　漏气检测

漏气检测（也称“漏气检查”）是仪器在观测前必须要完成的工作，检测的部分主要包括采样管路、排气管路、切割头和仪器内部管路。仪器在运行期间也要定期进行漏气检测，一般漏气检测周期和流量检测相同，为3个月。

采样管路、排气管路和切割头的漏气检测步骤相同，首先将管路的其余端口密封，只留一个端口和手动真空抽气泵（图3.51）密封连接，用抽气泵进行抽气，使得管路内成为负压状态，保持负压状态1 min：如果抽气泵上的负压表数值不变或者变化率小于0.2 kPa/min，就默认为不漏气；如果负压表数值迅速减小，或者负压表数值变化率大于0.2 kPa/min，就认为管路漏气，这时就需要对管路进行重新连接，确保每个连接处的密封性。如果管路连接处较多，可将管路分段进行检测。

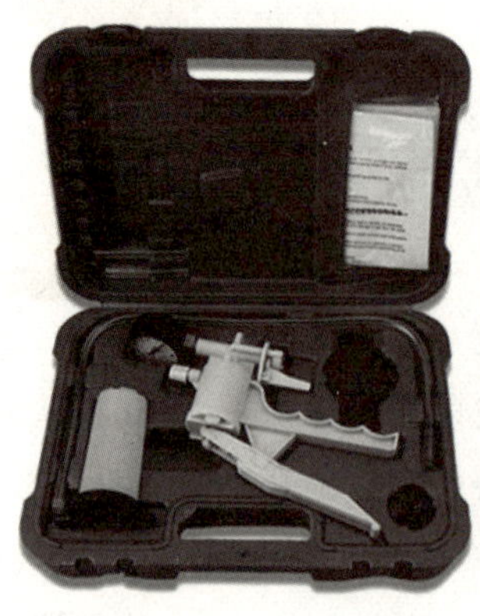
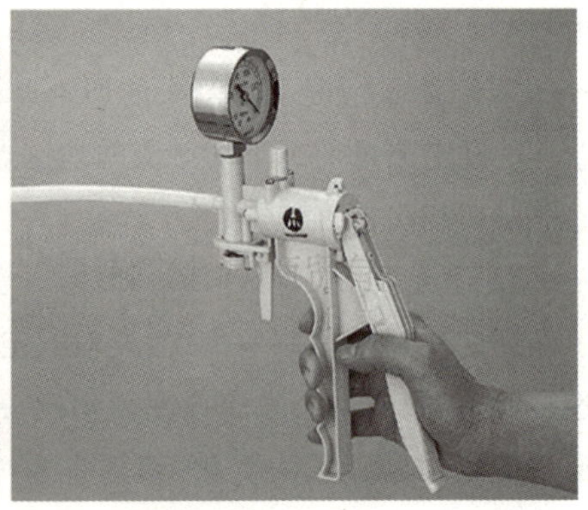

图3.51 手动真空抽气泵

仪器漏气检测和管路检测大致相同，就是将仪器进气口堵住，在排气口处用手动真空抽气泵将仪器内部管路和光室抽为负压状态，保持1 min：如果负压表数值不变或者数值变化率小于0.2 kPa/min，可认为不漏气；如果负压表数值变化率大于0.2 kPa/min，就需要对仪器内部管路连接部分进行检查，检查时要保证在干净的环境下进行，避免污染仪器内部管路。需要注意的是所有的检查都不能打开仪器的光室部分。

仪器检漏的另一种方法是用两个流量计，一个流量计与进气口相连接，另一个连接到真空泵，通过对气体在“进气”口与“排气”口的流速做比较，就可以知道仪器内部有无漏气。

3.6.8 清洁黑色毛面纸

在TSI浊度仪的光室内部有一张黑色毛面纸板，其主要作用是减少仪器光室的壁散射作用。在运行过程中，毛面纸会沉积沙尘等气溶胶颗粒物，直接影响光的壁散射，因此需要定期地检测和维护。主要步骤如下：

(1)断开仪器的电源和其他通信连接；

(2)拆掉仪器顶部和底部外壳；

(3)垂直放置仪器；

(4)拔掉仪器光室上、下两部分之间的线路和管路，做好连接标记；

(5)松掉仪器上、下光室之间的3个固定螺丝(图3.52)，分开仪器上下两个光室，小心连接处的O形圈；

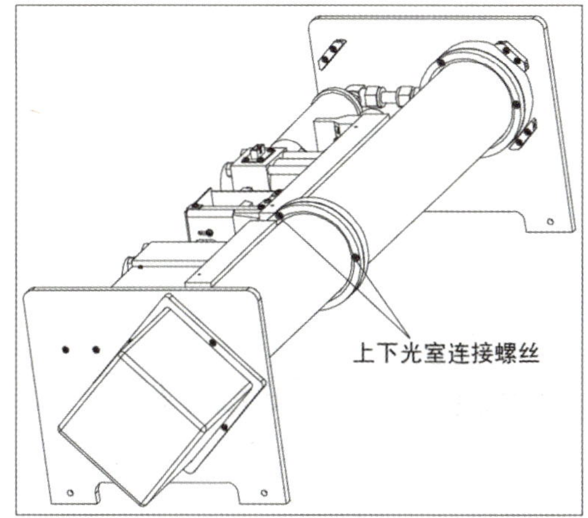

图3.52　浊度仪上下光室

(6)从仪器光室内取出黑色毛面纸(图3.53);

图3.53　仪器黑色毛面纸

(7)用压缩空气除掉黑色毛面纸表面的沉积物,如果纸非常脏,则直接更换新的毛面纸;

(8)取下O形圈,在表面涂抹一层仪器自带的硅油,放回凹槽内;

(9)将黑色毛面纸小心放回光室;

(10)连接上、下两部分光室,拧紧3个螺丝;

(11)按照拆卸标记连接上、下两个光室之间的线路和管路;

(12)安装仪器外壳。

第四章　单波段积分式浊度仪

M9003单波段积分式浊度仪（以下简称M9003浊度仪）由澳大利亚Ecotech公司生产，可对环境大气中颗粒物的光学散射（即散射系数）进行连续、实时的测量，波长可选450 nm、525 nm和700 nm。仪器内置温度和气压传感器，其测量结果可自动实时地订正。校准和零/标（Zero/Span）检测也可设置成自动的，用户可以选用多种标气，并设定时间程序，定时进行自动校准及零/标检测。可选配加热干燥进气管，以消除相对湿度对散射特性的影响。数据存储器可以存储30天以上的资料，可通过RS232接口进行数据通信。M9003浊度仪还具有低功耗、寿命长和稳定光源等一系列特点。

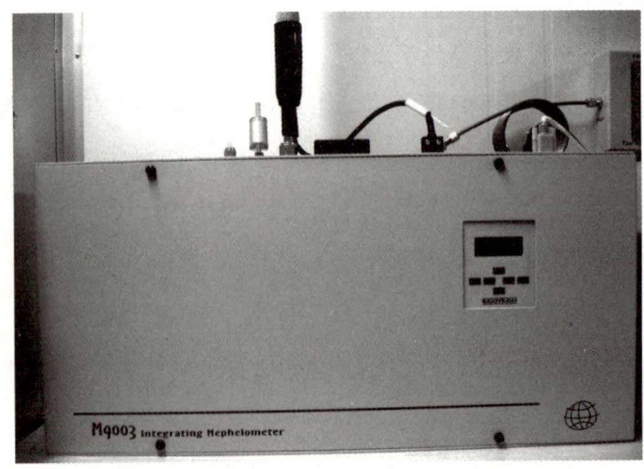

图4.1　M9003浊度仪

4.1　仪器工作原理

4.1.1　测量物理量

M9003浊度仪测量颗粒物的光学散射系数σ_{sp}。σ_{sp}可以反映颗粒物的污染程度：σ_{sp}值越高，大气中颗粒物的含量就越高。它还可以反映大气能见度的好坏：σ_{sp}值越高，能见度就越低。σ_{sp}的量纲是长度的倒数，测量结果σ_{sp}以Mm^{-1}(兆米分之一)为单位表示，换算关系是$1\ Mm^{-1}=10^{-3}\ km^{-1}=10^{-6}\ m^{-1}$。

4.1.2　基本概念

● 消光系数

光的衰减(光强度的减少)通常可以用比尔-朗伯定律来表示：

$$I = I_0 e^{-\sigma_{ext} x} \tag{4.1}$$

式中：

I_0——初始光强；

I——通过距离x后的光强；

σ_{ext}——表示衰减的参数，即消光系数。

消光系数与能见度的关系可以用公式(4.2)表示：

$$L_v=3.912/\sigma_{ext} \tag{4.2}$$

式中：

L_v——能见度(可视范围)；

σ_{ext}——消光系数。

消光系数越大，意味着光衰减得越多(能见度降低)。光线通过物质时的衰减源于物质对光的散射或吸收作用，因此消光系数σ_{ext}可以分解为散射系数σ_{scat}和吸收系数σ_{abs}：

$$\sigma_{ext} = \sigma_{scat}+\sigma_{abs} \tag{4.3}$$

在大气中可造成光衰减的物质可以是气体分子或悬浮于空气中的颗粒物，这样散射及吸收系数又可分解成：

$$\sigma_{scat} =\sigma_{sg}+\sigma_{sp} \tag{4.4}$$

$$\sigma_{abs} =\sigma_{ag}+\sigma_{ap} \tag{4.5}$$

式中的下标：

s——散射；

a——吸收；

g——气体分子；

p——颗粒物。

即，σ_{sp}是颗粒物的散射消光系数，σ_{sg}是气体分子的散射消光系数。气体分子散射也被称作瑞利散射。

NO_2是大气中最重要的光吸收气体，烟尘则是最重要的光吸收颗粒物。除非这些物质的浓度特别高，否则它们对光的吸收与其散射消光作用相比，可以忽略不计。因此，可以近似地认为：

$$\sigma_{ext} \approx \sigma_{scat} = \sigma_{sg} + \sigma_{sp} \tag{4.6}$$

M9003浊度仪直接测量σ_{scat}，在不含颗粒物的空气中(即只有瑞利散射存在)，仪器输出设为零，这样浊度仪可直接输出颗粒物的散射系数σ_{sp}。高浓度的颗粒物意味着其散射作用较强，因而σ_{sp}可以很好地反映出颗粒物的污染程度。光学消光会导致能见度下降。如上所述，同散射相比，吸收作用通常可以忽略不计。而且，在城区，σ_{sp}一般要比瑞利散射(σ_{sg})高出许多。因此，σ_{sp}也是大气能见度的一个很好的度量。

● 波长

吸收和散射与入射光的波长有关，M9003浊度仪选择LED作为光源，其波长位于可见光谱段的中央(500~550 nm或绿光)。

● 相对湿度

当相对湿度高于60%时，颗粒物周围形成水层，体积迅速增长。颗粒的尺寸越大，散射作用越强。M9003浊度仪提供一个加热进气管(也称“外部加热器”)作为选配件，如果启用了它，当相对湿度超过了用户设定的阈值时，它就会加热进气管的空气样品，从而降低相对湿度，除去颗粒物表面的水层。

开启外部加热器可基本除去颗粒物的水层，在测量环境空气污染物浓度时，这样做可使结果更可靠。而关闭加热器时，浊度仪内颗粒物的尺寸特征(不论这些颗粒物是否形成水层，都直接影响能见度)可以更好地反映环境大气的实际情况，因而更加适宜于反映当地大气能见度。

4.1.3 仪器的工作原理

在采样泵的驱动下，空气通过进气管进入测量室，而后通过排气管排出(图4.2)。在测量室内，样品空气对LED的入射光产生散射，光电倍增管可检测到正比于入射光强的散射光的电信号。测量室内安装有隔板，只有一狭小锥体内的散射光可以到达光电倍增管，其散射角在10°~170°之间，并且阻挡多次散射杂散光进入光电倍增管。在这种条件下，光电倍增管产生的信号正比于样品空气的散射系数 σ_{scat}。测量室内还安装了光阱和大量隔板，可消除器壁对光源的反射光和杂散光。

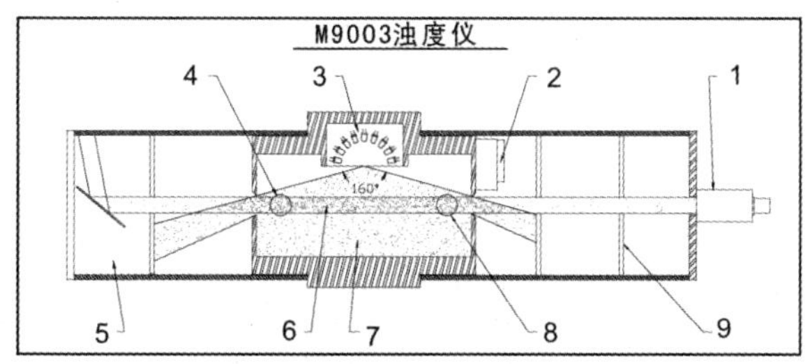

图 4.2 浊度仪光路布局

1—光电倍增管；2—快门；3—LED光源；4—光室出口；5—光阱；
6—测量体；7—光室；8—光室进口；9—挡板

4.1.3.1 测量原理

仪器工作时要进行三种测量，分别是快门计数、暗计数和测量计数。

样品空气温度传感器、测量室腔体温度传感器、气压传感器和相对湿度传感器分别测量相应的环境参数。相对湿度的测量结果可用来控制打开外部加热器（安装了该装置并启用的情况下）。测量室腔体温度的测量结果则用来控制打开内部加热器，以防测量室内出现结露。气温和气压传感器用于将测量结果转换成标准温度和气压下的散射系数。

● 快门计数

安装在测量室内的快门（图 4.2），每隔 15 s关闭约 4 s。此时从光源发出的光，直接给快门，然后到光电倍增管。该测量与空气散射无关，而测量结果会被储存为1200000次。

● 暗计数

光源会在不到1 s的时间内，定时闪亮、关闭。当光源关闭时，光电倍增管测量关闭次数，即当光源关闭时，背景光投射到PMT的计数。理想的结果应该是0，正常应少于10次。

● 测量计数

当快门和光源打开时，进行测量计数。PMT测到的次数，即被测样气中颗粒物造成的光散射结果。测量室内颗粒物浓度越高，测量计数也随之增多，通常在10000次与1600000次之间。

● 测量比（MR）

测量比（MR）是指测量系数（C_m）和快门计数（C_{sh}）之比：

$$MR=C_m/C_{sh}$$

若C_m=15000 Hz，C_{sh}=1200000 Hz，那么MR=12.5×10^{-3}。因为C_{sh}是一个已知、不变数，而MR与σ_{scat}成比例。如果测量系统发生变化（光的亮度、温度等），C_m和C_{sh}都要相应改变。

4.1.3.2 校准原理

校准时，校准气体和无尘空气通过测量室，已知两种气体的σ_{sg}和σ_{sp}值。将两种气体的测量比（MR）与已知的σ_{sp}做图解，标出σ_{sp}与测量比的线性关系。在该线性关系图中，可以给光源关闭计数和快门计数的效果做补偿。

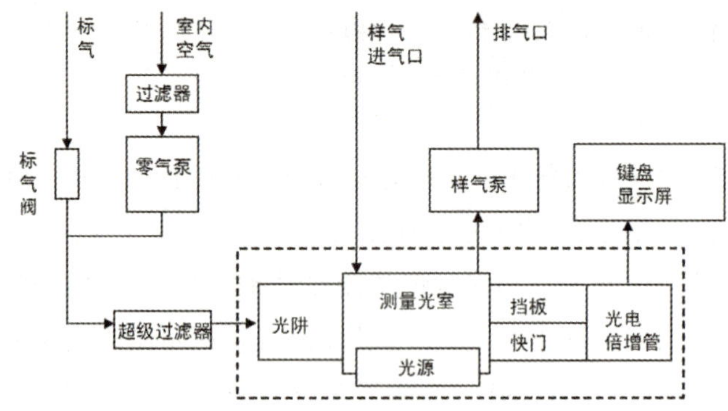

图4.3 浊度仪结构框图

4.1.3.3 校准范例

下面是以CO_2作校准气体的校准范例，在全校准时，标定两个点：

* 用CO_2标气标定跨距点（Span Point）；

* 用无尘空气标定零点（Zero Point）。

校准时，仪器测定C_m、C_{sh}，以及空气温度和大气压，并取得以下结果（见表4.1校准数据）。

表4.1 校准数据

	标气	零气
C_m（Hz）	13692	11582
C_{sh}（Hz）	1200000	1200000
MR（C_m/ C_{sh}）	11.41×10^{-3}	9.65×10^{-3}
温度（K）	300.2	300.2
压强（mBar）	1004	1004
σ_{scat}（$10^{-6}m^{-1}$）	34.87	13.36

在标准状态下(273.15 K,1013.25 mBar),波长525 nm无尘空气的σ_{scap}=14.82×10^{-6} m^{-1},CO_2的σ_{scap}=2.61×14.82=38.6802×10^{-6} m^{-1}。

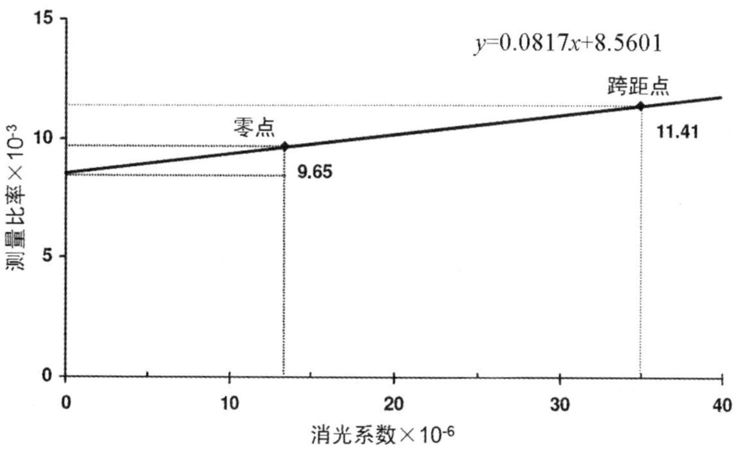

图4.4　M9003浊度仪的校准曲线

将σ_{scat}和MR值放入图4.4中,可得出下列转换公式·

$$\sigma_{scat}=(MR-8.56)/0.0817\times10^{-3} \tag{4.7}$$

式中,如果MR =10,那么σ_{scat}=17.63×10^{-6} m^{-1}。

仪器的所有结果均减掉大气瑞利系数:

$$\sigma_{sp}=\sigma_{scat}-\sigma_{sg} \tag{4.8}$$

式中,σ_{sg}=17.63−13.36= 4.26×10^{-6} m^{-1}。

● 壁信号(Wall Signal)

壁信号是指测量室内内壁光折射的散射总量。完整校准完成后,给壁信号做校准。壁信号的校准如公式(4.9)所示:

$$墙壁(Wall)=100\times(C/MR_{零})=100\times(8.56/9.65)=88.7\% \tag{4.9}$$

● 校准稳定性

完整校准完成后,仪器会给出校准稳定值,该值是各种读数的平均值。在150个采样中,X=平均值,S=校准误差,校准稳定性=100×(1−2S/X)。若稳定性=95%,校准误差=2.5%。在做零/标校准时,校准稳定性应大于97%。

● 校准气体常数

表4.2给出不同波长及标准状态时,标气的σ_{sp}值。

σ_{sp}在525 nm的变化,σ_{sp}−525×(520/λ)^4;

对于520 nm,散射系数σ_{sp}=σ_{sp}−520×(525/520)^4 =σ_{sp}−525×1.039。

表4.2 校准气体在不同波长的特征

空气散射系数($10^{-6}m^{-1}$)	14.82					
波长(nm)	525					
温度(K)	273.15					
压强(mBar)	1013.25					
气体种类	CO_2	FM_{200}	SF6	R12	R22	R134
气体倍数	2.61	15.3	6.74	15.3	7.53	7.3
波长	σ_{sp}	σ_{sp}	σ_{sp}	σ_{sp}	σ_{sp}	σ_{sp}
470	37.15	329.94	132.44	329.94	150.66	145.36
515	25.77	228.87	91.87	228.87	104.51	100.83
525	23.86	211.93	85.07	211.93	96.77	93.37
630	11.51	102.20	41.02	102.20	46.67	45.03

4.1.4 仪器描述

M9003浊度仪的所有组件放置在机箱内,拆下前盖后可看到(图4.5)。

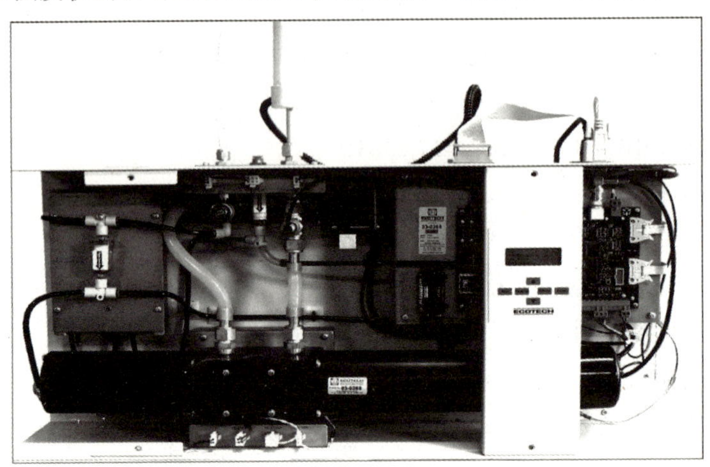

图4.5 仪器内视图

● 测量室

测量室是仪器最重要的部件,所有的光学件、电路及气路均放置在测量室内。测量室严格密封,以防散光或空气进入。测量室用防腐铝材料制造,内壁有无光泽黑色涂层,以减少内壁散射。

● 光电倍增管(PMT)

PMT用来测定散射所产生的光子,输出频率范围为0~1600000 Hz。PMT工作所需的高压电由PMT本身供给。PMT用黑橡胶盖密封,以尽量减少散光进入。

● 快门

快门用来检测仪器的工作状况,并给测量系统的偏差做补偿(比如光的亮度,或壁散射等)。快门用已知透射比的材料制作,装在一个旋转式电子阀上。当快门打开时,快门计数可达1200000次。

● 光源

光源是一组带特定波长的LED,有着高可靠性和稳定性的特点,并且发亮时间长,积分时间也相对延长。LED装在一个黑色灯板上,可容易地拆下进行清洗。在光源的前面,装有玻璃扩散器,每一个LED均聚光在扩散器的中心点,它可以确保LED光的均匀散射。

● 采样泵

采样泵将气体由采样口吸入,通过测量室,再从排气口排放掉。

● 零气泵

零气泵是一台±12 V DC的隔膜泵。在零校准和零检测时,提供无尘的空气源。在测量模式下,泵不工作,在泵的入口有一个气溶胶过滤器。

● 零气过滤器

过滤器与零气泵一起使用,过滤效果大于99.5%,去除的颗粒物尺寸大于0.1μm。

● 标气阀

标气阀是一个±12 V的电磁阀,在做标气校准和检测时启用,启动后,校准气体进入测量室,进行校准。

● 温度/相对湿度传感器

传感器装在样气通道,测量入气口附近的温度和相对湿度。传感器由微处理板控制,内置储存器可储存记录数据。温度传感器测量样气温度,并给σ_{sp}的标准状态做补偿,校准时还可计算校准气的散射系数。相对湿度传感器测量样气的相对湿度,数据用来控制加热干燥管,使样气的湿度降到设定值。

● 压力传感器

传感器装在微处理板上,与测量室相连接,测量室压,测定的压力值用于σ_{sp}与标准状态的置换。压力传感器还可用作计算校准气的散射系数。

● 测量室加热装置

加热装置用来控制室腔温度,温度传感器装在室壁上(光源附近),加热器由微处理板控制,使测量室温度与空气温度一致。这样,可避免测量室内出现冷凝。

● 加热采样管

加热采样管是可选件。启动后给样气加热到与样气的相对湿度设定点一致。加热温度由微处理板控制,用菜单可控制设定相对湿度值。

● 微处理板

微处理板是仪器的核心部分,可获取PMT接收的初始计数数据,并将其转换为σ_{sp}值。它可控制泵、电磁阀和光源,可以储存数据,提供RS232数据及远程控制,还可控制LCD显示和键盘。微处理板的下载程序安装在内存内,用串行口可升级,还带有用于数据储存的时钟,以及自动零点校准控制功能。校准参数和用户的设定也存储在内存中,在断电时不会丢失数据。

● 键盘/显示屏

键盘和显示屏为用户提供输入和处理操作数据的平台,键盘有6个键,可以很容易地进入菜单系统。显示屏是4行,16字符的LED显示。

● 电源

电源组件装在一个金属盒内,在微处理板的下方,包括一个100~240 V AC和±12 V DC的自动切换电源、电源插头和保险丝,以及控制采样管和测量室加热装置的电路板。

● 电池(2个AA碱性电池)

电池装在微处理板旁边,为时钟供电,并在仪器断电后用以储存数据。注意仪器断电时,没有安装电池,时钟的设定和所有存储的数据会丢失,但校准及设定的参数仍会保存。

4.1.5 仪器外部连接

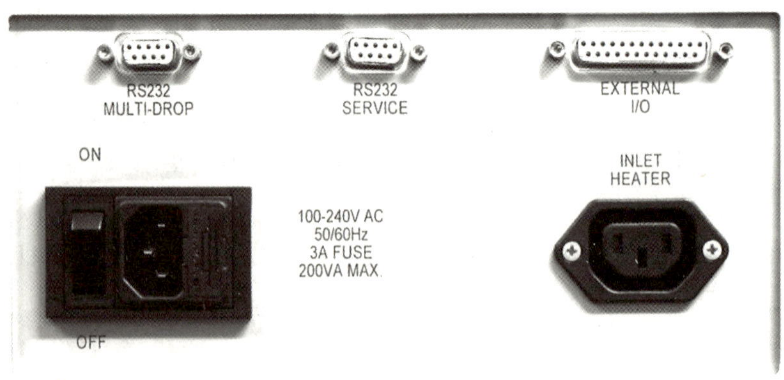

图4.6 M9003浊度仪顶部电源和通信连接口

● RS232接口(RS232)

仪器有两个RS232接口(串行口和诊断口)。串行口用于连接数据储存系统,诊断口只用于仪器的诊断。

● 外部I/O口(External I/O)

用来连接模拟输出通道,以及外部标气和零点控制。

● 加热干燥管电源(Inlet Heater)

加热干燥管电源线与该口连接,不可将仪器电源插入此口。

● 主电源插座(Mains Inlet)

将100~240 V AC主电源连接于主电源插座。保险盒里有两个保险丝,一个为备用。电源开关在插座的左侧。

图4.7 M9003浊度仪气路连接口

● 样气口(Sample)

样气口是直径1/2英寸的口,连接采样管,可以安装未加热或加热采样管。在仪器运输或不使用时,应盖住此口,以防止杂物进入测量室。

● 零气接口(Zero Gas)

仪器零气接口装有过滤器,可产生无尘空气,无须再连接零气源。

● 标气接口(Span Gas)

标气接口连接校准仪器用的校准气体。用FM200作校准气体时,不要长时间与仪器连接,它可导致冷凝或损坏转子流量计。

● 排气口(Exhaust)

排气口在仪器顶部电路与气路之间,样气测量后从排气口排放出去。仪器工作时,不要遮盖排气口。

4.2 安装

M9003浊度仪的正确安装非常重要,它可确保仪器正常工作。

4.2.1 安装要求

仪器要求采样区附近没有锅炉、焚化炉的烟道等,进气口应位于:

* 地面以上2~5 m；

* 距支撑墙体或建筑物的水平和垂直距离均大于1 m；

* 采样进气口上方至少120°的锥角范围内视野开阔；

* 采样进气口周围270°范围内气流无障碍，如采样进气口安装在建筑物侧面，则气流无障碍的范围应为180°；

* 距离树木大于20 m。

4.2.2 仪器的安装

仪器的安装有下述三种方法：水平放在工作台上，采样管水平穿过墙壁；垂直放在工作台上，采样管垂直穿过屋顶；用一个墙壁安装支架垂直安装在墙壁上。

其中，垂直安装在墙壁上的具体步骤如下：

(1)确定墙壁安装支架的安装位置后，在墙上标出中心线，确定采样管和标气管路的位置；

(2)用墙壁安装支架的定位孔，确定采样管的打孔位置；

(3)定位后，给墙壁安装支架打孔；

(4)用两个螺母将支架固定在墙壁上；

(5)所有接口均在仪器的顶部，留出足够的空间保证正常连接(同时考虑加热采样管的安装)；

(6)取下仪器后部的橡胶垫，将仪器安放在支架上。

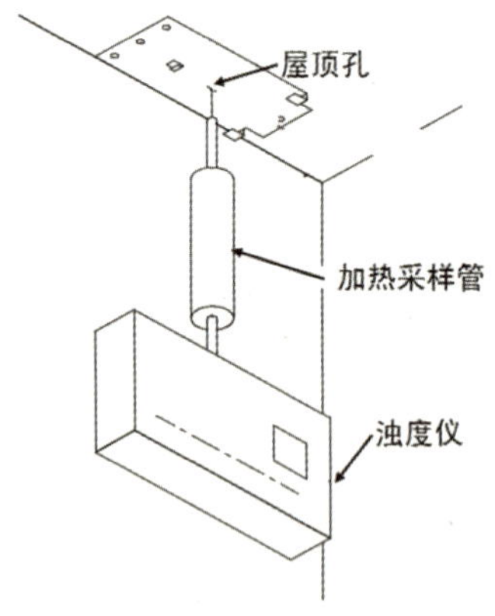

图4.8 仪器墙壁安装图

4.2.3 采样管的安装

采样进气管一般选用外径1/2英寸的铝管或不锈钢管，进气口的安装位置应符合选址要求。采样管与仪器之间用1/2英寸Swagelok专用螺母连接(图4.9)。

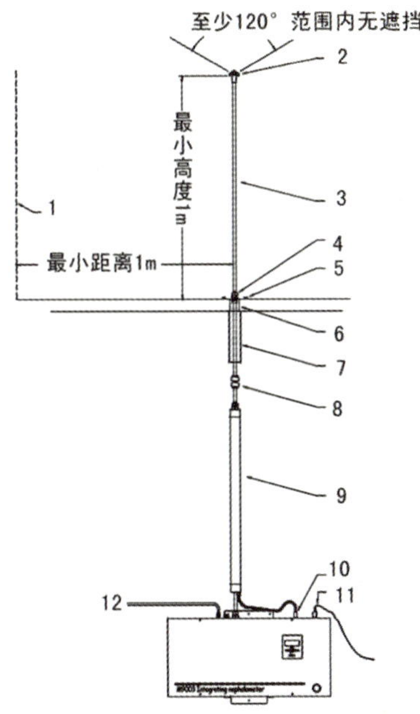

图4.9　仪器采样管安装图

1—外墙/支架；2—遮雨帽；3—采样管；4—防水密封圈；5—法兰；6—法兰；7—绝缘套；8—快速接头；9—加热进气管；10—加热进气管电源；11—电源；12—标气管

4.2.4　校准气体的连接

多数情况下，标准气体气瓶应放置在室内。气瓶和仪器距离较近时，可用1/4英寸的尼龙管连接气瓶和仪器；距离较远时，建议使用铜管（图4.10）。

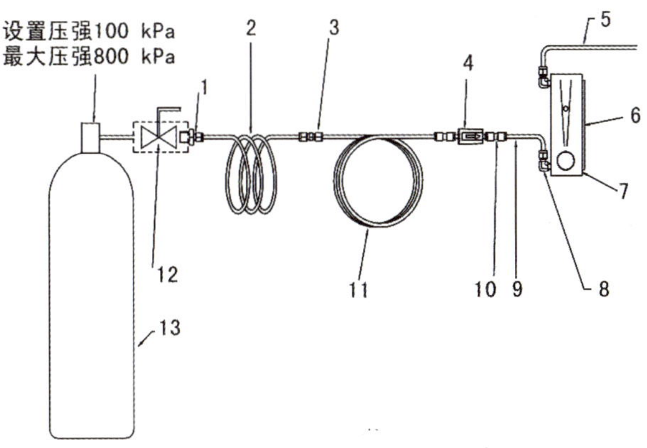

图4.10　标气的管路连接图

1—铜接头；2—1 m不锈钢管；3—铜接头；4—95%粒子过滤器；5—1 m四氟管；6—流量计底座；7—流量计；8—铜接头；9—四氟管；10—铜接头；11—3 m四氟管；12—控制阀；13—标准气体钢瓶

标准气体气瓶配装有减压调节阀和流量计，应串接有1 m左右的金属盘管（使标气温度与室内温度接近），特别是使用制冷剂气体作为标气时。标气与仪器顶部的标气接口相连接，零气接口内外都连接有M9003自带过滤器。

4.3 操作

4.3.1 启动

当仪器的电源开关（图4.6）处在“ON”的位置时，仪器开始启动。其步骤如下：

（1）听到很短的“咔嗒”声响；

（2）显示屏闪亮；

（3）系统开始校准；

（4）快门电磁阀每15 s打开/关闭；

（5）系统校准完成后，泵开始工作；

（6）开始采样。

仪器通电后，快门会定时开/关，可以听到开/关的声音，这是M9003浊度仪工作的重要环节。仪器通电或复位后，会自动进行系统校准。系统校准包括快门校准（快门计数，调到1200000次）以及LED光源亮度的调试。

4.3.2 一般操作

● 显示面板和键盘

使用显示面板和键盘，可以显示所有的测量信息。输入的设置以及发出的命令都可在显示面板和键盘上实现。显示面板是显示4行的屏幕，键盘是6个常用键（图4.11）。

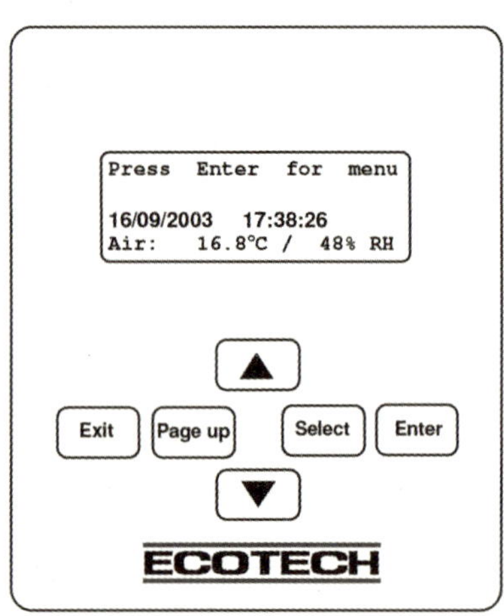

图4.11 M9003浊度仪面板和按键

● 显示屏背景光

仪器通电后，LED显示屏发亮，如果3 min没有操作键盘，背景光会自动熄灭，按任意键，显示屏会重新发亮。

● 显示屏的调整

通电后，显示屏的对比度保持在上一次操作时的水平。由于环境或安装位置的影响，对比度会有差异，按键盘上的“▲”或“▼”键，可以调整对比度。

● 进入菜单系统

(1)按“▲”或“▼”键，将光标移到菜单选项处；

(2)点击“Select”或“Enter”，进入某个子菜单、进行操作(菜单条目均带有“▶”符号，符号后面给出菜单种类)或编辑可编参数，如果是不可编参数，点击“Select”或“Enter”键后，没有任何反应；

(3)点击“Page up”，返回上一菜单；

(4)点击“Exit”，返回信息菜单。

● 编辑参数

(1)按“▲”或“▼”键，选择参数；

(2)数字参数需逐位输入，用“▲”或“▼”键选择数字(包括小数)，选择完成后，点击“Select”键移到右边的一位数字，或按“Page up”键移到左边的一位数字；

(3)点击“Enter”保存参数的修改，点击“Exit”取消参数的修改。

4.3.3 菜单系统

M9003浊度仪菜单中各选项的功能，按下列五个关键词进行区分：

Activates——激活，表示选择该条目将激活另一个菜单。

Display——显示，表示该数值或设置不可编辑，说明图框中给出的是标准值。

Sets——设定，表示可以在所选条目下输入用户自己设定的参数，说明图框中给出的是参考设置或数值。

Records——记录，表示可以在所选条目下输入非软件参数，如LED波长或标气散射系数比，图框中给出的是参考设置或数值。

Performs——执行，表示选择该条目将启动仪器进行某一操作。

注意在实际的显示屏幕上，行与行之间并没有空行。本节各图框中的空行只是为了方便对每个选项进行说明。不论哪一种菜单，每次只可能在屏幕上显示出4行。按动上、下箭头(“▲”或“▼”)键，即可找到尚未显示出的选项。

4.3.4 M9003菜单系统

在M9003浊度仪键盘上点击“Select”或“Enter”,选定子菜单;点击“Page up”,返回上一菜单;点击“Exit”,返回主菜单。

4.3.4.1 信息屏

仪器开启后,或操作菜单时按“Exit”,显示信息屏。信息屏分为两部分(上半部和下半部),上半部每8 s交替显示信息屏1和信息屏2,下半部每16 s交替显示信息屏1和信息屏2(见图4.12和4.13)

```
M9003 Nephelometer

(c) 2003 Ecotech
  State: Monitr/Normal
```

图4.12 信息屏1

```
Press  Enter  for  menu

16/09/2003    17:38:26
Air:    16.8°C /   48% RH
```

图4.13 信息屏2

第三行显示系统的目前状态,还可交替显示目前的空气温度和相对湿度。最后一行显示σ_{sp}值,以Mm^{-1}为单位(校准时除外)。

4.3.4.2 系统状态

M9003浊度仪有多种不同状态,处在何种状态,与仪器正在进行的操作有关。可分为主要状态(Major States)和辅助状态(Minor States)两种,信息屏可显示:

●主要状态

Monitor——标准运行模式;

SysCal——系统校准模式;

SpnCal——标气校准模式;

ZroCal——零点校准模式;

ZroChk——零点检测模式;

SpnChk——标气检测模式;

ZroAdj——零点调整校准模式。

●辅助状态

/ShtrCL——快门参比检测模式(定期);

/EnvMon——背景参比检测模式(定期)。

4.3.4.3 主菜单

按“Select”或“Enter”键，从信息屏进入主菜单。从主菜单可进入下列子菜单，以下按顺序逐项介绍各子菜单的功能：

表 4.3 M9003 浊度仪主菜单

主菜单	描述
Readings -->	激活读数子菜单
Smin average -->	激活 5 min 平均值子菜单
Report prefs -->	激活报告格式子菜单
Calibration -->	激活校准子菜单
Control -->	激活控制子菜单
Analogue out -->	激活模拟输出子菜单
Serial I O -->	激活 I/O 口子菜单
Adjust Clock -->	激活时钟调整子菜单
Do A2D Init -->	执行模数转换初始化
Greek Suffix -->	激活词头子菜单
S/W Version v2.00	显示软件安装版本
ID Number 03-0500	显示仪器 ID 号

4.3.4.4 读数子菜单

显示当前传感器的读数，σ_{sp}值较其他参数值，更新得更快。

表 4.4 M9003 浊度仪读数子菜单

读数子菜单	描述
σ_{sp} 100.0	显示当前散射系数(Mm^{-1})
Atm Pressure 997.27	显示当前样品空气的气压(mBar)
Air Temp 20.112	显示当前样品空气的温度(℃)
Cell Temp 23.555	显示当前测量室的温度(℃)
Rel Humid 43.565	显示当前样品空气的相对湿度(%)

4.3.4.5 5分钟平均值子菜单

该菜单显示传感器的5 min平均值，为滚动平均值，每分钟更新。

表 4.5 M9003 浊度仪 5min 平均读数子菜单

读数子菜单	描述
σ_{sp} 32.60	显示当前散射系数5 min平均值(Mm^{-1})
Atm Pressure 997.27	显示测量室气压的5min平均值(mBar)
Air Temp 20.002	显示当前样品空气温度的5 min平均值(℃)
Cell Temp 20.015	显示测量室腔体温度的5 min平均值(℃)
Rel Humid 42.245	显示样气相对湿度的5 min平均值(%)

4.3.4.6 报告格式子菜单

使用该菜单，用户可以设定物理单位和时间等报告格式，从而与当地的格式相一致。这些设定可以改变数据储存器或RS232口记录的原有数据的格式。

表4.6 M9003浊度仪报告格式子菜单

报告格式子菜单	描述
Filtering Kalman	设定用于输出数据过滤器的种类：Kalman，MovAvg，或None
Date Format D/M/Y	设定日期报告格式：D/M/Y，M/D/Y或Y-M-D
Temp.Unit ℃	设定温度单位：℃，F或K
Press.Unit mb	设定气压单位：mb或atm
Normalise to 0 ℃	设定标准温度，将σ_{sp}读数换算为标准温度：25 ℃，20 ℃，0 ℃下的数值，或None（不换算）

4.3.4.7 校准子菜单

校准子菜单执行校准，设定及记录校准仪器参数。

表4.7 M9003浊度仪校准子菜单

校准子菜单	描述
Do full cal. -->	执行完整校准
Do zero cal.-->	执行零点校准
Do zero adj. -->	执行零点调整
Do zero chk. -->	执行零点检测，但不做零点调整
Zero check 24 hrs	设定自动零点检测周期：3 h、6 h、12 h、24 h或OFF（无自动零点检测）
Wavelength 525 nm	记录LED波长：470 nm、500 nm、505 nm、510 nm、512 nm、515 nm、525 nm、575 nm、590 nm或620 nm
Span gas CO_2	记录标气种类：CO_2、SF_6、R-12、R-22或R-134
Cal min time 10	设定校准及检测的最长、最短时间（min）
Cal max time 20	
% Stability 99.750	设定校准稳定性指针的目标值
% Wall scat 1.50	显示由当前校准曲线外推出来的在无空气条件下（壁）散射产生的仪器零点值
Last zero ck 1.001	显示最后一次零点检测时的σ_{sp}值（Mm^{-1}）

4.3.4.8 控制子菜单

控制子菜单是设定内、外加热器及相对湿度的参数。

表 4.8 M9003 浊度仪控制子菜单

控制子菜单	描述
Int. Heater Yes	设定内、外加热器启用(“YES”)或不启用(“NO”),如设定为“YES”,仪器根据相对湿度状态自动启动加热器
Ext. Heater Yes	
Desired RH. <60%	设定相对湿度的控制范围:<40%,<50%,<60%或<70%

4.3.4.9 时钟调整子菜单

时钟调整子菜单设定当前的日期和时间。

表 4.9 M9003 浊度仪时钟调整子菜单

时钟调整子菜单	描述
Date 01/01/2000	当前日期
Time 00:00:80	当前时间
Save time -->	执行存贮指令,保存修改

4.3.4.10 字母后缀子菜单

显示希腊字母后缀及其含义,用符号^表示乘幂,如:10^-9 = 10^{-9}。

表 4.10 M9003 浊度仪字母后缀子菜单

词头	描述
T(Tera) 太	10 ^ +12
G(Giga) 吉	10 ^ +9
M(Mega) 兆	10 ^ +6
k(kilo) 千	10 ^ +3
m(Milli) 毫	10 ^ −3
μ(Micro) 微	10 ^ −6
n(Nano) 纳	10 ^ −9
p(Pico) 皮	10 ^ −12
f(Femto) 飞	10 ^ −15
a(Atto) 阿	10 ^ −18

例如某个菜单中显示出一个34.5 n的值,它表示34.5×10^{-9}。

4.4 校准

M9003浊度仪需要定期进行校准,改变其校准参数。仪器可自动进行校准,也可人为操作进行校准。仪器有多种不同的有效校准过程,表4.11是各种不同的校准。

表4.11 校准类型

校准类型	菜单完成	外部操作完成	串口完成
全校准	是	否	是
零气设定	是	否	是
零气检测	是	否	是
标气检测	是	否	是
零气测量	否	是	是
标气测量	否	是	是

4.4.1 初始校准

在进行任何校准之前，必须确保M9003浊度仪已经开机运行至少30 min，适应周围观测环境。

4.4.1.1 校准设置

校准前确保以下校准子菜单中的选项设置正确。

* 波长：设置为仪器光源的波长；

* 校准气体：设置为校准选择的气体，CO_2或者是FM200等；

* 校准最短时间：设置每个校准过程(标气或零气)完成的时间，通常设为10 min；

* 校准最长时间：设置每个校准过程(标气或零气)完成的时间，通常设为10 min；

* 稳定值(%)：设置校准后达到的稳定值，通常选择是95%~97%之间；

* 确保校准气体连接正确，调节阀和压力表都处于打开状态，通常设置校准气体的流量为2~3 LPM；

4.4.1.2 校准气体

M9003浊度仪使用不含气溶胶颗粒物的空气作为零气，通过真空泵驱动空气经过仪器内部一系列的粒子过滤器，清除空气中的气溶胶颗粒物。仪器的零点也叫作空气的瑞利散射，其值在标准环境下为14.82 Mm^{-1}，仪器将这个值定为零点，也就是0 Mm^{-1}。

M9003浊度仪使用的标准气体是以液化状态存储在标准气体钢瓶中的，因此不需要气体稀释设备。校准气体的连接方法在前面已经介绍过，这里不再重复叙述。每种标准气体相对于空气瑞利散射都有独一的散射系数，因此校准过程只需要选择正确的校准气体，不需要再计算标准气体的散射系数。浊度仪备选的标准气体有CO_2、SF6、FM200、R-12、R-22和R-134。这里建议使用CO_2，其原因与三波段积分式浊度仪标气的选择相同。

4.4.1.3 全校准

M9003浊度仪全校准是选择两个校准点——标气和零气校准。标气校准用的是标准气体,零气校准用的是仪器粒子过滤器过滤的干净空气。全校准的两点校准完成后得到仪器新的校准曲线,参数自动输入仪器内部。以下是全校准的过程:

(1)在校准子菜单中选择"Do full cal"命令,仪器界面会立即显示图4.14的信息。仪器内部电磁阀打开后,仪器屏幕会显示"Full calibration will commence within 30 seconds"(全校准在30 s内开始)的信息。

```
M9003 Nephelometer

(c) 2003 Ecotech
  State: SpnCal/Normal
```

图4.14 全校准仪器界面显示

(2)选择仪器全校准的命令以后,在屏幕上显示"SpnCal"为主要状态。在显示屏最下方一行,以下这些参数会交替显示:

* Current σ_{sp}:目前校准过程的散射系数;

* Cal Stability:校准过程的稳定度(%);

* Meas Ratio:校准过程的测量比;

* Cal Time:校准持续时间。

(3)标气校准过程持续到设定校准时间后,稳定度大于设定的稳定度即可完成,如果稳定度没有达到要求,校准过程会持续进行,持续到设定的最大时间。

(4)标气校准完成后,仪器会更新校准稳定度以及其他重要参数,自动关闭校准气体的电磁阀,打开零气真空泵准备开始零气校准。

(5)零气校准紧接着标气校准进行,在屏幕上显示"ZroCal"为主要状态,显示屏最下方一行交替显示上述步骤(2)中提到的相关信息。

(6)零气校准完成后,仪器会更新校准稳定度以及其他重要参数,自动关闭零气泵,打开仪器真空泵准备正常观测。

(7)输入观测命令以后,仪器开始正常观测,新的校准曲线将被用到观测中。

(8)关闭标准气体的阀门,以防发生漏气。

4.4.1.4 零气设定

零气设定是对M9003浊度仪进行单点的零气校准,用的零气是经仪器粒子过滤器过滤的干净空气。零气设定是设置仪器的零气校准点,具体步骤如下:

(1)在校准子菜单中选择“Do zero adj”命令,仪器内部零气泵会打开,仪器屏幕会显示“Zero adjustment will commence within 30 seconds”(零气设定在30 s内开始)的信息;

(2)在屏幕上显示“ZroCal”为主要状态,显示屏最下方一行交替显示操作过程中的一些信息;

(3)零气设定过程持续到设定校准时间后,稳定度大于设定的稳定度即可完成,如果稳定度没有达到要求,零气设定过程会持续进行,持续到设定的最大时间;

(4)零气设定完成后,仪器会更新校准稳定度以及校准曲线的参数,自动关闭零气泵,打开仪器真空泵准备正常观测;

(5)输入观测命令以后,仪器开始正常观测,新的校准曲线将被用到观测中。

4.4.1.5 零气检测

零气检测是对仪器零气校准的检验,使用的气体是经仪器粒子过滤器过滤的干净空气。零气检测不改变仪器校准曲线参数,具体步骤如下:

(1)在校准子菜单中选择“Do zero chk”命令,仪器内部零气泵会打开,仪器屏幕会显示“Zero check will commence within 30 seconds”(零气检测在30 s内开始)的信息;

(2)在屏幕上显示“ZroChk”为主要状态,显示屏最下方一行交替显示操作过程中的一些信息;

(3)零气检测过程持续到设定校准时间后,稳定度大于设定的稳定度即可完成,如果稳定度没有达到要求,零气检测过程会持续进行,持续到设定的最大时间;

(4)零气检测完成后,仪器会更新校准子菜单中的零气检测稳定度,自动关闭零气泵,打开仪器真空泵准备正常观测。

4.4.1.6 标气检测

标气检测是对仪器标气校准的检验,使用的气体是校准的标准气体。标气检测不改变仪器校准曲线参数,具体步骤如下:

(1)在校准子菜单中选择“Do span chk”命令,仪器内部真空泵会关闭,标气的电磁阀会打开,仪器屏幕会显示“Span check will commence within 30 seconds”(标气检测在30 s内开始)的信息;

(2)在屏幕上显示“SpnChk”为主要状态,显示屏最下方一行交替显示操作过程中的一些信息;

(3)标气检测过程持续到设定校准时间后,稳定度大于设定的稳定度即可完

成,如果稳定度没有达到要求,标气检测过程会持续进行,持续到设定的最大时间;

(4)标气检测完成后,仪器会更新校准子菜单中的标气检测稳定度,自动关闭标气电磁阀,打开仪器真空泵准备正常观测。

4.4.1.7　自动校准

M9003浊度仪可以设定周期性的自动校准,设置在校准子菜单中的"AutoCal Intv"参数中。校准可以设置的选项有:1 h、3 h、6 h、12 h、24 h、每周或关闭自动校准。校准种类选项有:零气检测、标气检测、零气&标气检测、零气设定。

4.4.2　校准周期

4.4.2.1　全校准

全校准是用标气校准和零气校准对校准曲线进行修正。M9003浊度仪是运行比较稳定的仪器,全校准一般3个月进行一次,可以通过检测过程来确定全校准的周期。

4.4.2.2　检测

M9003浊度仪的检测可以经常性地进行(每天或每周),以便随时知道仪器校准曲线的漂移量,稳定度等超出设定范围后及时进行校准,保证得到高质量的观测数据。表4.12是仪器检测后仪器对应的操作。

表4.12　校准检测标准

天/周检测	校准偏差	操作
零气检测	±1%	零点设定
	±2%	数据无效,零点设定
标气检测	±5%	全校准
	±10%	数据无效,全校准

4.5　数据下载

M9003浊度仪有三种方式来下载保存数据:

* 仪器内部下载数据;
* RS232数据线下载数据;
* 模拟输出端口下载数据。

4.5.1　内部下载数据

4.5.1.1　配置

M9003浊度仪内部数据下载的操作比较简单,仪器只要处于开机状态,内部的数据记录器就一直在记录下载数据，操作者只需要在数据下载菜单中选择数据平均周期即可。有如下选择：

* 5 min，仪器可以存储45天数据；
* 1 min，仪器可以存储10天数据。

数据存储器是循环记录的，一旦存储器数据存满，新的数据将覆盖旧的数据。存储器有备用电池驱动，数据不会丢失，但在电池没电的情况下，仪器关闭后数据就会丢失。每次采样开始时，数据存储器都会重置，当数据被下载后，数据就会在下载时重新开始记录。数据记录中的一些参数是不能被改变的，如日期、时间、平均值、散射系数、空气温度、腔室温度、相对湿度和压强。

4.5.1.2　数据下载软件

M9003浊度仪数据下载软件安装在电脑上，仪器内部记录的数据可以以文本文件的形式下载到电脑上。具体操作步骤如下：

(1)打开M9003浊度仪数据下载软件，界面如图4.15，界面窗口最下方左边显示的是目前的状态，图中显示的是“Download Complete”(下载完成)；

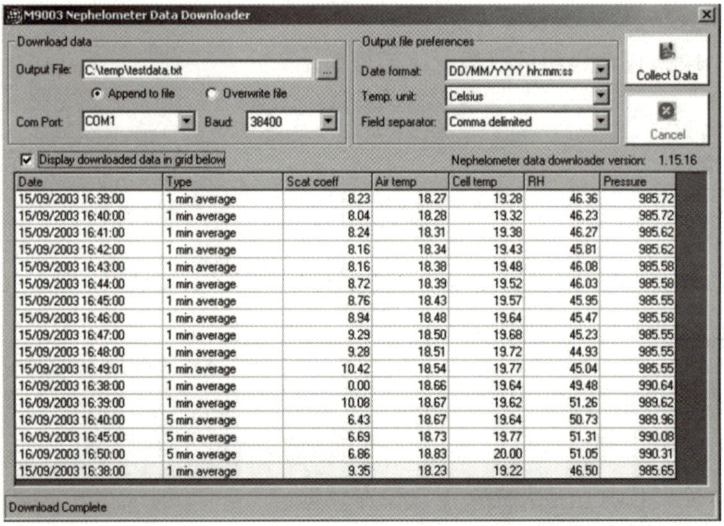
M9003 Nephelometer Data Downloader
Download data
Output File: C:\temp\testdata.txt
Append to file
Overwrite file
Com Port: COM1
Baud: 38400
Output file preferences
Date format: DD/MM/YYYY hh:mm:ss
Temp. unit: Celsius
Field separator: Comma delimited
Collect Data
Cancel
Display downloaded data in grid below
Nephelometer data downloader version: 1.15.16
Date | Type | Scat coeff | Air temp | Cell temp | RH | Pressure
15/09/2003 16:39:00 | 1 min average | 8.23 | 18.27 | 19.28 | 46.36 | 985.72
15/09/2003 16:40:00 | 1 min average | 8.04 | 18.28 | 19.32 | 46.23 | 985.72
15/09/2003 16:41:00 | 1 min average | 8.24 | 18.31 | 19.38 | 46.27 | 985.62
15/09/2003 16:42:00 | 1 min average | 8.16 | 18.34 | 19.43 | 45.81 | 985.62
15/09/2003 16:43:00 | 1 min average | 8.16 | 18.38 | 19.48 | 46.08 | 985.58
15/09/2003 16:44:00 | 1 min average | 8.72 | 18.39 | 19.52 | 46.03 | 985.58
15/09/2003 16:45:00 | 1 min average | 8.76 | 18.43 | 19.57 | 45.95 | 985.55
15/09/2003 16:46:00 | 1 min average | 8.94 | 18.48 | 19.64 | 45.47 | 985.58
15/09/2003 16:47:00 | 1 min average | 9.29 | 18.50 | 19.68 | 45.23 | 985.55
15/09/2003 16:48:00 | 1 min average | 9.28 | 18.51 | 19.72 | 44.93 | 985.55
15/09/2003 16:49:01 | 1 min average | 10.42 | 18.54 | 19.77 | 45.04 | 985.55
16/09/2003 16:38:00 | 1 min average | 0.00 | 18.66 | 19.64 | 49.48 | 990.64
16/09/2003 16:39:00 | 1 min average | 10.08 | 18.67 | 19.62 | 51.26 | 989.62
16/09/2003 16:40:00 | 5 min average | 6.43 | 18.67 | 19.64 | 50.73 | 989.96
16/09/2003 16:45:00 | 5 min average | 6.69 | 18.73 | 19.77 | 51.31 | 990.08
16/09/2003 16:50:00 | 5 min average | 6.86 | 18.83 | 20.00 | 51.05 | 990.31
15/09/2003 16:38:00 | 1 min average | 9.35 | 18.23 | 19.22 | 46.50 | 985.65
Download Complete

图4.15　M9003浊度仪下载软件界面

(2)用数据线将电脑和仪器连接起来；

(3)在“Output File”中选择保存数据文件的路径，输入文件的名称；

(4)选择计算机使用的正确的COM端口；

(5)设置正确的波特率，和仪器设置的相同，建议使用38400 bps，可以快速进行下载；

(6)选择适合的数据形式、温度单位和数据分隔符号；

(7)要看到正在下载的数据，在“Display downloaded data in grid below”前的方框中打钩；

(8)点击“Collect Data”按键，可以看到窗口的表格中出现数据，并且不断更新，这些数据同时会保存到文件中；

(9)当下载完成后，会出现是否清空存储的提示(图4.16)，如果确保整个过程正确，数据下载完毕，可以选择清除，这样在后面的下载中就不会重复下载前面的数据；

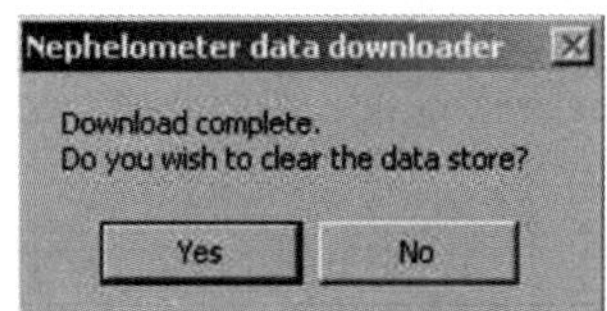

图4.16　仪器软件提示清除存储窗口

(10)如果仪器连接不正确，在点击下载数据后会有错误提示信息，提醒重新连接。

4.5.2　串口下载数据

有许多种方式连接M9003浊度仪来下载数据，最有效的方式是通过RS232串口连接。AQMS和WinAQMS数据下载软件可以通过RS232串口很容易地下载仪器内部参数及数据。

4.5.3　模拟端口下载数据

M9003浊度仪可以通过模拟信号输出来下载数据或者实时图形记录数据，这是RS232串口连接之外最好的方式，但这种方式一般很少用到，不做详细介绍。

4.6　仪器维护

以下对M9003浊度仪的定期维护明细进行介绍，这是在大量操作实践中总结出来的，还需要不断地改进来适应特殊的操作运行，建议按照以下介绍来维护仪器，保证仪器可靠和长时间地运行。

4.6.1　维护周期

维护周期可以根据实际应用情况来决定，表4.13作为一个主要的参考，使用者可以根据自己的使用情况制定出对应的维护周期。备用电池，建议在仪器关闭几个月后就更换一次，更换电池前要确保仪器内部的数据已经下载，否则数据就会丢失。

表4.13 仪器维护周期及内容

周期	内容	操作
每周	检测	零气和标气检测
3个月	样气进气口	检查/清洁
	全校准	执行
	时间	检查订正
6个月	零气泵过滤器	检查/更换
	零气/标气过滤器	检查/更换
1年	仪器腔室	清洁
	漏气检查	执行
	主板电池	更换
2年	气流管路	清洁
	光源	检查/更换

4.6.2 更换过滤器

更换的过滤器包括：

* 零气泵进气口过滤器：一次性过滤器（DFU），95%的过滤效率；

* 零气和标气过滤器：一次性过滤器（DFU），99.55%的过滤效率。

4.6.3 漏气检查

管路漏气检查同3.6.7节，仪器内部漏气检查是将高效过滤器（99.5%）连接到仪器进气口，采样泵处于正常观测状态，仪器连续运行10~20 min，检查仪器的散射系数是否接近于0。在检测的这段时间内，仪器的散射系数波动范围应该是±3 Mm^{-1}，超出这个范围仪器就可能存在漏气。使用这种方法检测的前提是仪器运行状况良好，所有的过滤器都比较干净。

4.6.4 故障维修

M9003浊度仪在运行过程中会出现各种各样的错误状况，要对其进行相应的检测和维护，表4.13对可能出现的状况进行了总结，可作为仪器运行维护的参考。

表4.14 M9003浊度仪故障维修

问题	可能原因	措施
没有显示,死机	直流电或者仪器内部交流电故障	1.确保电路连接正确和供电正常 2.检查供电保险丝正常,保险丝为3 A 3.确保主板电路J12插头连接正确
没有显示,其他部件工作	对比亮度失调	设置和调整显示屏的对比度(按压前控制面板的“▼”键,如果显示屏全黑,再按压“▲”键)
	显示屏线故障	检查显示屏和主板电路J10之间的线路
	显示屏损坏或者主板出现问题	1.更换显示屏 2.更换主板
3 min后背景光无法关闭	时间设置不正确	重新设置时间和日期
	备用电池出错	1.检查电池安装 2.更换电池
显示屏闪烁或显示的数据不稳定	显示屏损坏或者主板出现问题	1.更换显示屏 2.更换主板
实时时间丢失	实时时间设置错误	重新设置时间和日期
	备用电池出错	1.检查电池安装 2.更换电池
数据不能存储	实时时间设置错误	重新设置时间和日期
	备用电池出错	1.检查电池安装 2.更换电池
暗计数>100	仪器腔室漏光	1.检查光室安装,确保O形圈安装正确 2.检查光电倍增管的帽子
快门计数过高或过低	光强变化	1.重新设置单位 2.检查LED光源安装 3.更换LED光源
LED设置点过高(>25)或过低(<5)	光源或快门出错	1.重新设置单位 2.检查LED光源安装 3.更换LED光源
壁信号过高	腔室脏	1.检查前面的校准 2.清理光室和光阱 3.重新校准仪器
噪音读数较大	漏光或者漏气	1.检查漏气 2.检查暗计数
流量较低	真空泵损坏	更换真空泵
	漏气	检查连接处
	堵塞	清理进气管路

续表 4.14

问题	可能原因	措施
不能进行标准气体校准	校准气体选择错误	1.在校准菜单中选择正确的校准气体 2.检查标准状态是否正确校准为实际环境温度
不能进行零气校准	零气被污染	1.清理光室和光阱 2.检查是否漏气 3.检查零气过滤器 4.检查零气流量是否是 3 LPM 5.检查标准状态是否正确校准为实际环境温度
不能获得零气/标准气体稳定度	气体流量不足	确保选择的校准气体的正确流量

参考文献

[1]史晋森,黄建平,葛觐铭,等. 地面气溶胶集成观测系统的研究[J]. 中国粉体技术,2013,19(1):7-12.

[2]史晋森,赵敬国,葛觐铭,等. 三波段积分浊度仪的检测和校准[J]. 中国环境科学,2013,33(8):1328-1334.

[3]石广玉,王标,张华,等. 大气气溶胶的辐射与气候效应[J]. 大气科学,2008,32(4):826-840.

[4]王自发,庞成明,朱江,等. 大气环境数据模拟研究新进展[J]. 大气科学,2008,32(4):987-995.

[5]夏祥鳌,王明星. 气溶胶吸收及气候效应研究的新进展[J]. 地球科学进展,2004,19(4):630-635.

[6]朱恩云,马駿. 中国大气气溶胶研究现状[J]. 环境科学与管理,2008,33(12):57-59.

[7]章澄昌,周文贤. 大气气溶胶教程[M]. 北京:气象出版社,1995.

[8]Anderson T L, Covert D S, Marshall S F, et al. Performance characteristics of a high-sensitivity, three-wavelength, total scatter/backscatter nephelometer[J]. Journal of Atmospheric and Oceanic Technology, 1996, 13: 967-986.

[9]Anderson T L, Ogren J A. Determining aerosol radiative properties using the TSI 3563 integrating nephelometer

[J]. Aerosol Science and Technology, 1998, 29(1) : 57-69.

[10]Ackerman A, Toon O, Stevens D, et al. Reduction of tropical cloudiness by soot[J]. Science, 2000, 288(5468) : 1042-1047.

[11]Bodhaine B A, Ahlquist N C, and Schnell R C. 3-wavelength nephelometer suitable for aircraft measurements of background aerosol scattering extinction coefficient [J]. Atmospheric Environment, 1991, 25(10): 2267-2276.

[12]Cutten D R. Rayleigh scattering coefficients for dry air, carbon dioxide, and Freon-12[J]. Applied Optics, 1974, 13(3): 468-469.

[13]Horvath H, Kaller W. Calibration of integrating nephelometers in the post-halocarbon area[J]. Atmospheric Environment, 1994, 28(6) : 1219-1223.

[14]Heintzenberg J, Charlson R J. Design and Application of the Integrating Nephelometer: A Review[J]. Journal of Atmospheric and Oceanic Technology, 1996, 13, 987-1000.

[15]Model 5012 Multi Angle Absorption Photometer Instruction Manual[Z]. Thermo Electron Corporation Environmental Instruments. Massachusetts, USA: 2003.

[16]Model AE31 Aethalometer Instruction Manual[Z]. Magee Scientific Company. California, USA: 2005.

[17]Model 3563 Integrating Nephelometer Operation and Service Manual[Z]. TSI Incorporated. Tennessee, USA: 2005.

[18]Model M9003 Integrating Nephelometer Operation Manual[Z]. Ecotech Pty Ltd. Blackburn, Australia: 2005.

[19]Young A T. Revised Depolarization Corrections for Atmospheric Extinction[J]. Applied Optics, 1980, 19(20), 3427-3428.

[20]Young A T. On the Rayleigh-Scattering Optical Depth of the Atmosphere[J]. Journal of Applied Meteorology, 1981, 20(3), 328-330.